인간 불평등 기원론

부클래식
035

인간 불평등 기원론

장자크 루소

홍지화 옮김

부북스

차 례

자연의 의도를 알기 위해서는 타락하지 않고 본성을 견지하고
있는 상태의 사물들을 고찰의 대상으로 삼아야 한다.[*]

아리스토텔레스, 《정치학》, I.5.1254^a.

일러두기

1. 번역은 Athena Littérature(http://un2sg4.unige.ch/athena/rousseau/jjr_ineg.html)에
있는 Jean-Jacques Rousseau, *Discours sur l'origine et les fondements de l'inégalité parmi
les hommes*(1755), 초판을 사용했다.

---

[*] 아리스토텔레스 《정치학》, 천병희 옮김, 숲, p28

제네바 공화국에 바침
매우 훌륭하고 명예로우며 고귀한 여러분

조국이 인정할 수 있는 영광을 자기 조국에 돌리는 일은 오로지 덕망 있는 시민의 몫이라고 확신했기에, 저는 30년 전부터 여러분들에게 공적인 찬사를 드리기에 합당하도록 노력해오고 있습니다. 이 행복한 기회가 제 노력으로는 할 수 없었던 것을 부분적으로 보완해주기에, 제게 허락된 권리보다 저를 더 북돋우는 열정에 치우쳐도 괜찮을 것 같다고 저는 생각했습니다. 여러분들 가운데 사는 행복을 만끽한 제가 자연이 인간에게 부여한 평등과 인간이 이루어놓은 불평등을 생각할 때 어찌 그 깊은 지혜를 생각하지 않을 수 있겠습니까? 이 지혜를 통해 평등과 불평등은 이 국가 안에서 적절하게 조화를 이루며, 사회의 공공질서 유지 그리고 개인의 행복에 가장 알맞은 방식으로 그리고 자연법에 가장 가깝게 협력하고 있습니다. 한 정부의 구성과 관련하여 양식(良識)이 규정할 수 있는 최선의 규칙을 연구하면서, 모든 규범들이 여러분의 정부에서 법제화되고 있는 것을 보고 저는 매우 감동받았습니다. 그래서 비록 여러분들의 성 안에서 태어나진 않았지만, 다른 모든 민족들 가운데 사회의 가장 큰 이점을 가진 듯하고, 그 이점의 남용을 가장 잘 예방하고 있는 듯한 민족에게 이러한 인간 사회의 그림을 제가 제안하지 않을 수 없다고 생각했습니다.

만일 제가 출생 장소를 선택할 수 있었더라면, 저는 인간 능력의 범위에 의해 한정된, 즉 제대로 통치 받을 가능성으로 한정된 크기의 사회를 선택했을 것입니다. 그리고 그 사회에서 각자는 자신의 일에 충분한 능력이 있으니 어느 누구도 자신이 맡은 직무를 타인에게 강요하지 않을 것입니다. 그런 국가에서는 모든 개인들이 서로 알고 지내므로 '은밀한' 악의 조작도 겸손한 미덕도 대중의 시선과 심판을 피할 수 없습니다. 그리고 서로 교류하는 즐거운 습관은 조국에 대한 사랑을 땅보다는 오히려 시민에 대한 사랑의 형태를 띠게 만듭니다.

저는 모든 기관의 움직임이 언제나 공동의 행복만을 지향하도록 군주와 국민이 단 하나의 동일한 관심만을 가지는 나라에서 태어나길 원했을 것입니다. 이는 군주와 국민이 단 하나의 동일 인물이 아닌 한 이루어질 수 없는 것이어서, 따라서 저는 사려 깊고 온건한 민주주의 정부 아래서 태어나고 싶었을 겁니다.

저는 자유롭게 살다가 자유롭게 죽고 싶었을 겁니다. 즉, 저나 다른 사람이나 제거할 수 없는 명예로운 멍에인 법에 순종한 채 말이죠. 이 가볍고 유익한 멍에는 다른 어떤 멍에도 지니지 않는 가장 자긍심이 강한 지도자들마저도 순종적으로 매게 합니다.

따라서 저는 국가에서 누구도 법 위에 군림할 수 있다고 말할 수 없고 외부에서는 누구도 국가에 법을 강요하여 그것을 인정하라고 명령하는 일이 없기를 바랍니다. 왜냐하면 정부의 구성이 어떻든 법에 따르지 않는 사람이 단 한 명이라도 있다면 다른 모든 사람들이 어쩔 수 없이 그 사람의 처분에 따르게 되기 때문입니다.[1] 그리고 내부의 수장과 또 다른 외부의 수장[2]이 있다면, 그들이 어느 정도 권한을 나눌 수 있다 할지라도 서로를 존중하고 국가를 제대로 통치하는 것은 불가능합니다.

저는 아무리 좋은 법을 가지고 있다 하더라도 새로운 제도의 공화국에는 살고 싶지 않습니다. 아마도 현재의 필요에 맞지 않게 구성된 정부가 새로운 시민들에 적합하지 않거나 혹은 시민들이 정부에 적합하지 않아서 국가가 탄생하자마자 흔들리고 무너질까 봐 두려워서일 것입니다. 왜냐하면 영양 많고 맛있는 음식들이나 강한 포도주처럼 자유도 그것들에 익숙한 건장한 체질은 키우고 강화하는 데 잘 적응시키지만, 단련되지 않아 약하고 섬세한 체질은 짓누르고 파괴하며 취하게 하기 때문입니다. 주인에 일단 익숙해진 국민은 더 이상 주인 없이는 견딜 수 없는 상태에 이릅니다. 그들이 멍에에서 벗어나려 한다면 자유 대신에 그 속박에 대립하

---

1 128쪽 〈원주 1〉

2 로마 교황을 가리킴.

는 광적인 방종을 취할 것이므로 자유에서 더 멀어지게 되고, 그들의 혁명은 거의 언제나 그들의 사슬을 더 얽어맬 뿐인 선동가들에게 자신을 내어줍니다. 모든 자유국민의 모델인 로마인들도 타르키니우스[3] 세력의 압제에서 벗어났을 때 자치할 상태가 전혀 아니었습니다. 압제자들이 강요한 노예 상태와 수치스러운 일들로 인해 비천해져서 처음에는 단지 탁월한 지혜를 사용하여 배려하고 통치해야만 했던 어리석은 국민에 불과했습니다. 그러다 자유라는 건강한 공기를 들이마시는 데 점차 익숙해져서, 무기력한 혹은 전제 정치 아래서 오히려 멍해진 이 영혼들이 점차 그들을 모든 민족 가운데 가장 존경할 만한 민족으로 만든 근엄한 풍습과 자랑스러운 용기를 획득하게 됩니다. 그러므로 저는 제 조국으로는 어쨌든 평온하고 조용한 공화국을 찾으려 애썼을 겁니다. 그 공화국의 기원은 태고의 어둠 속에 사라졌을 만큼 오래되었습니다. 시민들에게 용기와 조국애를 불어넣고 공고히 하기에 적합한 정도의 공격만을 경험한 공화국 말입니다. 시민들이 오랫동안 현명한 독립에 익숙하여 자유로울 뿐만 아니라 그러기에 적합한 그런 공화국을 말합니다.

다행히 힘이 부족해서 잔인한 정복욕에서 벗어나고, 훨씬 더 다행스러운 위치로 말미암아 다른 국가에게 정복되는 두려움에서 벗어난 조국을 저는 선택할 것입니다. 어느 국가도 그 도시를 점령

---

3 고대 로마의 마지막 왕

하는 데 관심이 없고, 다른 국가들은 그 도시를 강탈하지 못하도록 하는 데 관심이 있어, 주변국의 야망을 부추길 것이 하나도 없고 필요한 경우에 그들의 도움에 합리적으로 의존할 수 있는 공화국입니다. 따라서 이토록 행복한 상황에서 공화국은 단지 그 자신 외에는 두려울 것이 아무것도 없습니다. 만일 시민들이 무기를 드는 훈련을 받는다면 그것은 자기 방어의 필요성 때문이 아니라 오히려 자유에 매우 적합하고 자유의 취향을 함양하는 용맹한 자존심과 무사의 정신을 그들 안에서 유지시키기 위해서일 것입니다.

저는 모든 시민이 입법권을 공유하는 나라를 찾을 것입니다. 왜냐하면 한 사회 안에 함께 잘사는 것이 어떤 조건 아래서 적합한지를 그들보다 더 잘 아는 이는 없을 것이기 때문입니다. 그렇지만 저는 국가의 수반들과 국가의 유지에 가장 이해관계가 걸려 있는 이들이 국가의 안녕이 달려 있는 토의에서 배제되고, 위정자들이 부조리한 모순에 의해 단순한 시민들도 누리는 권리를 행사하지 못하는, 로마인들의 국민투표와 유사한 국민투표에 동의하지 않습니다.

그와 반대로 저는 이해관계에 얽혀 잘못된 계획이나 결국 아테네인들을 패하게 만든 그런 위험한 개혁을 막기 위해, 각자 마음 내키는 대로 새로운 법을 제안하는 권력을 지니지 말기 바랍니다. 그리고 이러한 권리는 오로지 위정자들만의 것이기를, 위정자들은 이 권리를 아주 신중하게 사용하고, 국민은 이 법률에 동의

하는 데 조심하기를 원합니다. 법률의 공포(公布)는 아주 장엄하게 행해 질 수 있을 따름이어서 헌법이 흔들리기 전에 법을 신성하고 유서 깊은 것으로 만드는 것은 그 법률이 특별히 아주 오래된 것이기 때문입니다. 사람들은 매일 변하는 법률을 경멸할 것입니다. 개선을 구실로 옛 관습을 소홀히 하는 데 익숙해지면 아주 사소한 것들을 고치느라 큰 악덕을 끌어들이는 일이 자주 있다는 것을 확신할 시간적 여유가 없을 것입니다.

위정자 없이 지낼 수 있다거나 위정자들에게 단지 임시권력만을 남겨두면 된다고 믿고, 국민이 민사사건의 시행과 그 법의 실행을 경솔하게 할 수 있는 공화국은 분명 제대로 통치되지 못할 것이므로 저는 이런 공화국을 특히 피했을 것입니다. 이러한 것들은 자연 상태에서 막 벗어난 초기 정부의 비천한 구조임에 틀림없고 아테네 공화국을 패하게 만든 결함 가운데 하나였을 것입니다.

하지만 저는 개인들이 법률을 재가하고, 지도자들의 보고에 따라 가장 중요한 공적인 사건들을 단체로 결정하는 것에 만족하여, 존경받는 법정을 확립하고, 다양한 재판권을 정확히 나누는 공화국을 선택할 것입니다. 그 공화국의 국민들은 정의를 시행하고 정부를 통치하도록 시민들 가운데 가장 능력 있고 가장 공정한 이들을 해마다 선출할 것입니다. 그리고 국민의 지혜로움을 증명하는 위정자들의 미덕으로 인해서 국민과 위정자는 서로서로 존중을 이어갈 것입니다. 그래서 언젠가 파국을 초래하는 오해가 일어나 공적인 화합을 혼란에 빠뜨리게 되더라도 이 무분별과 오류의 시기조차도 절제, 상호 존중 그리고 법률에 대한 공통적인 존중이라는 증거들을 드러낼 것입니다. 그리고 이것이야말로 진중하고 영구적인 화해의 전조이며 보장이기도 합니다.

존귀하신 여러분, 이러한 것들이 제가 스스로 선택했을 조국에서 제가 추구했을 이점들입니다. 거기에 매력적인 지세, 온화한 기후, 비옥한 토지 그리고 하늘 아래 볼 수 있는 가장 감미로운 외관을 신이 덧붙여준다면, 저는 다만 이 행복한 조국의 품에서 이 모든 자산들을 즐기는 것만으로도 제 행복을 만끽하려 할 것입니다. 제 동포들과 온화한 사회에서 평화롭게 살면서, 그들과 함께 그들을 본받아 박애, 우애 그리고 모든 덕을 실행하면서 말이죠. 그리고 선인(善人), 정직하고 덕망 있는 애국자에 대한 존경할 만한 추억을 제 뒤에 남겨두면서 말이죠.

그리 운이 없거나 너무 늦게 깨달은 탓에, 제가 경솔한 젊은 시절에 놓쳐버린 휴식과 평화를 헛되이 아쉬워하며 다른 나라에서 병든 채 생애를 마치게 되더라도, 적어도 제 마음속에선 내 나라에 품을 수 없었을 이 같은 감정들을 마음에 품었을 것이고 멀리 있는 동포들에 대해 부드럽고 사심 없는 애정이 가득 찼을 것이며, 마음속 깊은 곳에서 다음과 같은 말을 했을 것입니다.

"친애하는 시민 여러분 아니, 법이 우리를 하나로 이어주는 이상 혈연관계와 같은 형제 여러분, 언제나 여러분을 생각할 때면 여러분이 향유하고 있는 은혜를 생각하게 되어 기쁩니다. 그 은혜에 대해 여러분 가운데 그 누구도 그것을 잃어버린 저보다 그 가치를 더 잘 느끼지 못할 것입니다. 제가 여러분의 정치적·사회적 상황을 생각하면 할수록 인간사의 본성이 더 나은 형태를 허용할 수 있다고는 상상하기 어려워집니다. 다른 모든 정부에서 국가의 최대 선을 보장하는 것이 문제될 때 모든 것은 관념적인 계획 그리고 기껏해야 단순한 가능성에 그칩니다. 여러분에게는 행복이 완전히 이루어졌으므로 그것을 누리기만 하면 됩니다. 그리고 여러분은 완벽하게 행복하기 위해 지금 상태에 만족하는 것만으로 충분합니다. 무력으로 획득되거나 되찾은, 그리고 용기와 지혜 덕분에 2세기 동안 지켜온 여러분의 주권은 마침내 충분히 그리고 보편적으로 인정받았습니다. 우수한 계약들이 여러분의 경계를 정하고 권리를 보장하며 평안함을 확고히 합니다. 여러분의 헌법은 가장 고귀한 이성에 의해 규정되고 존경받는 우호 세력에 의해서 보장되어 훌륭합니다. 여러분의 나라는 평온하고 여러분은 전쟁도 정복자도 두려워할 필요가 없습니다. 여러분에게는 여러분이 만들고 선택한 청렴한 법관들이 시행하는 현명한 법률 외에는 다른 어떤 주인도 없습니다. 여러분은 나태함으로 무기력하고 헛된 환희 속에서 진정한 행복과 견고한 미덕의 취향을 잃을 만큼 부유하지도, 생업에 의해 제공되는 것 외의 외부 도움을 더 필요로 할 만큼 가난하지도 않습니다. 대국에서는 과도한 세금으로만 유지되는 이 같은 자유를 지키기 위해 여러분이 지불할 것은 거의 없습니다.

시민의 안녕을 위해서 그리고 다른 민족에게 본보기가 되기 위해 이렇게 현명하고 적절히 구성된 공화국이 영원히 지속될 수 있기를 바랍니다. 바로 이것이 여러분이 유일하게 소망하고 정성을 기울여야 하는 것입니다. 조상들이 여러분에게 그 수고를 덜어 준 행복을 만드는 일이 아니라, 제대로 현명하게 사용하여 행복을 지속시키는 일이 이제 오로지 여러분에게 달려있습니다. 여러분의 영원한 연합에, 법에 대한 복종에 그리고 통치자들에 대한 존경심에 여러분의 보존이 달려 있습니다. 여러분 가운데 조금의 신랄함이나 불신의 싹이라도 남아 있다면 언젠가는 여러분의 불행과 국가의 파괴를 초래할 불행의 싹이니 빨리 잘라버리십시오. 여러분 모두 마음속으로 되돌아가 양심의 목소리에 귀 기울이시길 바랍니다. 여러분의 위정자보다 더 청렴하고 양식 있으며 존경할 만한 집단이 세상에 있습니까? 그 단체의 모든 구성원들은 여러분에게 절제, 검소한 풍습, 모든 법에 대한 존중, 그리고 성실한 화해의 본보기를 보여주고 있지 않습니까? 그러므로 그토록 현명한 지도자들에게 덕망 덕분에 이성적으로 갖게 된 유익한 신뢰를 아낌없이 주십시오. 여러분이 그들을 선출했고 그들은 그 선택의 정당함을 증명하고 있으며 여러분이 위엄 있게 이루어낸 이들에 대한 명예는 반드시 여러분 자신에게 다시 돌아온다는 사실을 생각해보십시오. 법의 엄격함과 법을 지키는 사람들의 권위가 멈춘 곳에는 그 누구를 위한 안전도 자유도 있을 수 없다는 사실을 모를 만큼 명청한 사람은 아무도 없습니다. 그러므로 여러분이 항상 이해관계나 의무, 그리고 이성 때문에 해야만 할 일을 기꺼이 그리고 정당한 확신을 갖고 하는 것 외에 무엇이 문제이겠습니까? 헌법의 옹호에 죄가 되고 치명적인 무관심으로 인해 여러분 중에서 가장 학식이 뛰어나고 열정적인 사람들의 현명한 의견이 필요할 때 소홀히 하지 않기를 바랍니다. 게다가 공평함, 절제, 가장 겸허한 단호함 등이 계속해서 여러분의 모든 행동을 규제하기를, 전 세계에 자유만큼이나 영광에 집착하는 자긍심 강하고 겸손한 국민의 본보기로서 여러분을 계속 보여주기를 바랍니다. 제 마지막 충고는 특히 루머의 은밀한 동기가 목표가 되어, 행위보다 종종 더 위험한 해석과 악의에 찬 루머에 귀 기울이지 말라는 것입니다. 도둑이 다가올 때가 아니면 결코 짖지 않는 충직한 개가 짖을 때는 온 집안이 깨어나 경계태세를 취합니다. 하지만 끊임없이 휴식 시간을 방해하는 시끄러운 개들의 소란에는 사람들이 몸서리치고 그 개들이 지속적으로, 시도 때도 없이 짖어댈 때는 정작 필요한 순간에 그 경고를 듣지 않게 됩니다.

그리고 참으로 존경하는 고귀한 여러분, 자유 국민의 훌륭하고 존경스러운 위정자 여러분, 여러분에게 특별히 제 찬사와 존경을 바칠 수 있게 해 주십시오. 세상에 어울리는 자리를 차지한 이들을 빛내주기에 적합한 지위가 있다면, 그것은 틀림없이 재능과 미덕으로 얻어지는 지위이고, 여러분에게 어울리고 시민들이 여러분에게 마련해준 지위일 겁니다. 그들의 장점은 여러분의 장점에 새로운 광채를 덧붙였으며, 스스로를 다스리기 위해, 타인을 통치할 능력이 있는 이들에 의해 선택받은 당신들은 자유로운 민족으로서 다른 위정자보다 더 뛰어나다고 생각합니다. 그것은 자유로운 민족, 영광스럽게도 여러분이 이끌고 있는 민족은 그 지식과 이성에 의해 다른 국가의 민중보다 뛰어난 것과 마찬가지입니다.

한 가지 예를 인용하겠습니다. 그 예는 더 좋은 추억으로 남아 있을 것이고, 언제나 제 마음속에 생생하게 떠오를 것입니다. 제게 탄생의 빛을 주었고 어린 시절 제게 여러분을 향한 존경심에 대해 이야기해준 덕망 있는 시민[4]이 기억에 떠오를 때마다 아주 따스한 감동이 생깁니다. 자기 손으로 일하며 가장 숭고한 진실로 영혼을 살찌우는 그의 모습이 눈에 선합니다. 그의 앞에는 자기 직업을 위한 도구들과 더불어 타키투스[5], 플루타르코스[6] 그리고 그로티우스[7]의 작품들이 있습니다. 그의 곁에는 최고의 아버지들의 감동적인 가르침에서도 너무나 적은 결실밖에 못 얻은 애지중지 키워진 아들이 있습니다. 비록 젊은 시절의 일탈로 인해 그토록 현명한

---

4 루소의 아버지를 가리킴.

5 로마 제정 시대의 역사가.

6 고대 로마의 그리스인 철학자·저술가. 그는 플라톤 철학을 신봉하고 박학다식한 것으로 유명하다.

7 네덜란드의 법학자로서 국제법의 아버지라 불린다.

가르침을 얼마간 잊고 있었지만 사람이 아무리 악한 경향을 가졌더라도 사랑이 깃든 교육은 영원히 사라지지지는 않는다는 것을 체험하여서 저는 행복합니다.

참으로 훌륭하고 고귀하신 여러분, 시민 그리고 여러분이 다스리고 있는 국가에서 태어난 평범한 주민[8]조차 이와 같습니다. 그리고 '노동자'와 '민중'이라는 이름 아래 다른 나라들에서는 아주 비천하고 왜곡된 개념으로 받아들여지는 교양 있고 사려 깊은 사람들도 이와 같습니다. 기쁘게 고백컨대 제 아버지께서는 여러분에 비해 그리 뛰어난 분이 아니셨습니다. 아버지는 다른 분들과 같았고, 가는 나라마다 훌륭한 사람들이 그와 교제를 원했으며 심지어 그 교제는 결실을 맺었습니다. 여러분이 이런 성품의 사람들에게 기대할 수 있는 존경의 표시에 대해 말하는 것은 제 소관이 아니며 그럴 필요도 없습니다. 그들은 교육이나 자연의 권리와 타고난 권리에 있어서 여러분과 대등합니다. 여러분의 장점에 빚지고 있는 그들의 특혜나 그들의 의지에 있어서는 여러분보다 열등합니다. 그리고 그로 인해 이번에는 여러분이 그들에게 일종의 감사를 표현하기도 합니다. 저는 여러분이 얼마나 상냥하고 친절하게 사법관에게 어울리는 엄중함을 섬기는지 그리고 여러분에 대한 그들의 복종과 존경에 대해 여러분이 얼마나 존중하고 배려하는지를 알

---

[8] 제네바 공화국을 구성하는 네 계급 Ctoyen, Burgeois, Habitant, Natif 가운데 세 번째 계급. 참정권은 없고 거주와 노동의 권리만 있었다.

고 상당히 만족스럽습니다. 이는 결코 되풀이하지 않기 위해 잊어야 하는, 불행한 사건들의 기억을 점점 더 멀어지게 하기에 적합한 정의와 지혜로 가득 찬 행동입니다. 그리고 이는 공정하고 관대한 이 민족이 의무를 기쁘게 행하고, 자연스레 여러분을 경배하기 좋아하며 자신들의 권리를 가장 열심히 주장하는 이들이 여러분의 권리를 가장 잘 존중하는 경향이 있는 만큼 더 현명한 행동입니다.

시민 사회의 위정자들이 영광과 행복을 좋아하는 것은 놀랄 일이 아닙니다. 하지만 스스로를 위정자로 혹은 더 고귀하고 훨씬 더 숭고한 국가의 주인으로 간주하는 이들이, 자신들을 키워준 조국에 대해 애정을 보여주는 것은 인간의 평안을 위한 것이라고 하기엔 너무 놀랍습니다. 우리를 위해 그렇게 드문 예외를 만들고, 법이 정한 신성한 조항들을 관리하는 이 열성적인 사람들, 이 존경할 만한 영혼의 목자들을 최고 시민의 반열에 올려놓은 것에 대해 제가 얼마나 기쁜지 모릅니다. 그리고 존경할 만한 영혼의 목자들의 활기차면서도 부드러운 웅변은 그들 스스로 복음의 금언들을 실행하는 것으로 시작하는 만큼 그 금언들을 마음속에 훨씬 더 깊이 새기게 됩니다. 모든 사람들은 제네바에서 위대한 설교의 기술이 얼마나 성공적으로 다듬어진 것인지 알고 있습니다. 하지만 언행불일치에 너무나 익숙해져버려서 기독교 정신, 신성한 도덕, 자신에게 엄격하고 타인에게 관대함 등이 우리 성직자들에게 얼마나 많이 몸에 배어 있는지 아는 사람은 거의 없습니다. 신학자 사회와 문인들 사이에 그처럼 완벽한 연합을 구축하여 교훈적인 예를 보여주는 것은 단지 제네바뿐입니다. 그들의 인정된 지혜, 절제, 그리고 국가의 번영을 위한 그들의 열정 위에 상당 부분 그것의 평온을 위한 내 희망의 토대를 구축하고 있습니다. 저는 또한 신성하고 야만적인 이 사람들의 끔찍한 금언에 대해 성직자들이 얼마나 두려워하는지를 놀라움과 존경과 기쁨이 뒤섞인 마음으로 주목하고 있습니다. 그러한 야만인에 대해 역사는 여러 가지 실례를 보여주고 있습니다. 소위 말하는 신의 권리를, 즉 그들의 이해관계를 지지하기 위해, 그들 자신들의 피는 언제나 존중받기를 은근히 기대하면서도 인간이 피를 흘리는 것에 대해서는 그다지 개의치 않았습니다.

공화국의 다른 절반의 행복을 보장하고 그 감미로움과 지혜로 인해 평화와 좋은 도덕을 유지시켜주는 고귀한 절반을 제가 어떻게 잊을 수 있겠습니까? 사랑스럽고 고결한 여성 시민들이여, 여러분의 운명은 언제나 남성을 다스리는 것일 겁니다. 오로지 부부관계에서만 행해진 여러분의 정숙한 힘이 국가의 영광과 공공의 행복을 위해 느껴질 때 우리는 얼마나 행복한지요! 이렇게 해서 스파르타에서는 여성들이 명령을 내리고 제네바에서는 명령할 자격을 갖게 됩니다. 얼마나 남자가 야만적이어야, 온화한 아내의 입에서 나온 명예와 이성의 목소리에 저항할 수 있을까요? 당신에게서 나오는 빛으로 인해 미모에 가장 유리한 당신의 검소하고 절제된 치장을 보면서 헛된 사치를 경멸하지 않을 사람이 누가 있겠습니까? 이제 모두 여러분의 몫입니다. 사랑스럽고 순수한 지배력으로 그리고 서서히 다른 사람의 마음을 얻는 영향력으로 국가의 법률에 대한 사랑과 시민들 가운데서의 조화를 유지시키는 것, 분열된 가정을 행복한 결혼으로 다시 모으는 것, 그리고 특히 설득력 있고 감미로운 가르침과 은혜롭고 겸손한 대화를 통해 우리 젊은이들이 다른 나라에서 얻은 나쁜 버릇을 고치는 것 등 모두가 여성 여러분의 몫입니다. 다른 나라에서 얻은 나쁜 버릇으로 인해 우리 젊은이들은 이용할 수 있는 수많은 유익한 것들 대신에, 그들은 타락한 여인들에게서 배운 유치한 어조와 우스꽝스러운 태도들로 결코 장엄한 자유의 가치에 견주지 못하는 종속에 대한 대가로 시시한 보상, 어떤 위대함에 대한 찬탄만을 가져옵니다. 그러니 여러분은 지금처럼 정숙한 도덕의 수호자이자 부드러운 평화의 매개자로 남으십시오. 그리고 언제라도 의무와 미덕을 위해, 어느 경우에도 마음과 자연의 권리를 주장해 주십시오.

시민들의 공동 행복과 공화국의 영광에 대한 희망을 이 같은 보증에 근거하면서 저는 어떤 사건으로도 그 믿음이 배신당하지 않아서 행복합니다. 고백하건대 이 모든 이점에도 불구하고 공화국이 대다수 사람들의 눈을 현혹시키는 화려함으로 빛나지는 않을 것입니다. 그런 화려함에 대한 해로운 취향이 행복과 자유의 가장 치명적인 적이기 때문입니다. 방탕한 젊은이는 다른 곳에서 손

쉬운 쾌락을 추구하고 오래도록 후회하게 되길 바랍니다. 자칭 취향이 고매하신 분들도 큰 궁전, 화려한 장비, 훌륭한 가구, 장엄한 공연 그리고 모든 세련된 나태함과 사치를 다른 곳에서 찬양하기를 바랍니다. 제네바에는 사람들밖에 없습니다. 하지만 그 같은 광경도 제 가치가 있고, 그것을 찾아다니는 이들도 나머지 찬양자들만큼 가치가 있을 것입니다.

참으로 훌륭하고 존경하는 여러분, 부디 여러분의 공동의 번영에 대해 제가 취하는 관심의 증언들을 모두 선의로 받아들여 주십시오. 만일 불행하게도 제 마음을 생생하게 토로하는 과정에서 다소 조심성 없이 전달하는 과오를 범했다면, 진정한 애국자의 부드러운 애정으로, 그리고 자기 자신을 위한 큰 행복보다 여러분 모두의 행복을 더 보고 싶어 하는 한 사람의 합당하고 뜨거운 정열로 용서해주시길 간청합니다.

더 없이 깊은 존경으로
훌륭하고 아주 고귀한 여러분께
여러분의 지극히 겸허하고 온순한
봉사자이자 시민인
장 자크 루소 드림
1754년 6월 12일 샹베리에서

서문

인간의 모든 지식 가운데서 가장 유용하지만 가장 덜 발전된 것이
인간에 대한 지식인 것 같다.[9] 그리고 델포이 신전의 하나의 경구
만으로도 모랄리스트들의 모든 두꺼운 책들보다 더 중요하고 어려
운 교훈을 능가한다고 감히 말하는 바이다. 또한 나는 이 논문의
주제를, 철학이 제안할 수 있는 가장 흥미로운 문제 가운데 하나로
간주하고, 게다가 불행히도 우리에게는 철학자가 해결할 수 있는
가장 까다로운 문제 가운데 하나로 여긴다. 왜냐하면 인간 자체를
아는 것으로 시작하지 않는다면 어떻게 인간 사이의 불평등의 기
원을 알 수 있겠는가? 그리고 어떻게 이어지는 시간과 사건들 속
에서 원래의 인간 조직 속에 만들어졌을 모든 변화를 통해 인간은
자연이 만들어준 대로의 스스로를 보는 데 성공할 수 있겠는가?
그리고 인간 자신이 타고난 것을, 환경이나 인간의 진보로 인해 태
초의 상태에 덧붙여지거나 변화된 것과 어떻게 식별할 수 있겠는

---

9 129쪽 〈원주 2〉

가? 시간, 파도 그리고 폭풍우에 의해 너무 변해버려서 신이라기보다는 사나운 짐승과 닮아버린 글라우코스[10] 상처럼, 끊임없이 새로 생겨난 수많은 대의와, 지식과 오류의 획득, 신체의 구성에 따르는 변화 등에 의해서 그리고 지속적인 정념의 충격에 의해서 사회 속에서 타락한 인간의 영혼은 거의 알아볼 수 없을 정도로 외양이 변했다. 이제 거기서는 확실하고 변함없는 원칙들에 의해 행동하는 존재 대신에, 그리고 창조주가 새겨놓은 신성하고 장엄한 단순함 대신에, 추론이라고 생각하는 정념과 망상에 빠져 있는 지성의 끔직한 대조밖에는 볼 수 없다.

그리고 보다 더 잔인한 것은 인류의 모든 진보가 인간을 끊임없이 태초의 상태에서 멀어지게 한 것이다. 우리가 새로운 지식을 쌓으면 쌓을수록 우리는 모든 것 가운데서 가장 중요한 것을 획득할 수단을 버리게 되어, 어떤 의미에서 우리가 인간을 알 수 없게 된 것은 우리가 인간을 연구하기 때문인 것이다.

지금 사람들을 구분하는 차이의 첫 번째 원인을 인간 조직의 계속되는 변화에서 찾아야 함은 알기 쉽다. 다양한 자연 상태의 원인들이 몇몇 동물 종에 우리가 알고 있는 변종을 만들어놓기 전에 인간은, 모든 종류의 동물이 평등했듯이 평등했다고 이구동성으로 말한다. 사실, 어떤 방법으로든 이러한 첫 번째 변화가 모든 개인들을 모두 한꺼번에 같은 방식으로 변화시켰다고는 생각할 수

---

10 그리스 신화에 나오는 보이오티아의 어부. 바다로 들어가 해신이 되었다.

없다. 하지만 어떤 이들은 타고나지 않은 그들의 장단점을 획득하여 발전하거나 퇴보하기도 하고, 다른 이들은 그들의 원래 상태에 조금 더 오랫동안 머물렀다. 이것이 사람들 가운데 첫 번째 불평등의 근원이었고, 그 진짜 원인을 정확하게 지시하는 것보다는 일반적으로 논증하기가 더 쉽다.

그러므로 독자들은 보기에 어렵다고 생각된 것을 내가 보았다고 자랑한다고 생각하지 않기를 바란다. 나는 문제를 해결하려는 바람보다는 문제를 밝혀내고 참된 상태로 되돌리려는 의도에서 몇 가지 추측을 감행했다. 끝까지 이르기는 누구에게도 쉽지 않지만, 다른 이들은 같은 길에서 좀 더 멀리 쉽게 나아갈 수 있을 것이다. 왜냐하면 현재의 인간 본성에서 타고난 것과 인위적인 것을 분간하는 것은 가벼운 일이 아니다. 그리고 더 이상 존재하지 않고 아마 존재한 적 없었고, 결코 존재하지 않을 상태에 대해 잘 아는 것은 가벼운 일이 아니며, 더구나 우리의 현 상태를 제대로 판단하기 위해 그에 대한 정확한 관념을 가지는 것이 필요한 상태이다. 이 주제에 관한 확고한 관찰을 위해서, 주의사항을 정확히 결정하려는 사람에게는 생각 이상의 철학이 필요할 것이다. 그리고 다음 문제의 좋은 해결은 우리 시대의 아리스토텔레스 학파와 폴리니우스 학파에게 적합하지 않다고는 생각할 수 없을 것 같다. "자연인을 알기 위해 어떤 실험이 필요할까? 그리고 사회 속에서 이 실험을 하는 방법은 어떤 것일까?" 이 문제를 해결하려는 시도는 조금도 하지 않아서, 아무리 위대한 철학자도 강력한 군주도 이 실험을 이끌기에는 합당치 않을 것이라고 감히 미리 답할 수 있을 만큼 그 주제를 충분히 심사숙고했다고 나는 생각한다. 그리고 이 둘의 협력을 기대하는 일, 특히 성공하는 데 어느 쪽이고 없어서는 안 될 인내, 아니 차라리 지식과 선의가 이어지는 것을 기대한다는 것은 거의 무분별한 일이다.

아주 하기 어려워 지금까지 거의 생각지 못했던 이 연구는, 그렇지만 인간 사회의 실제 토대에 대한 지식을 은폐하는 수많은 어려움을 제거하기 위해 우리에게 남겨진 유일한 수단이다. 바로 이같은 인간의 본성에 대한 무지가 자연법의 참된 정의에 그토록 많은 불확실성과 애매함을 던진다. 왜냐하면 뷔를라마키[11]의 말에 따르면 법의 개념 그리고 더 나아가 자연법의 개념은 명백하게 인간 본성과 상관관계가 있기 때문이다. 계속해서 그는 그러므로 이 학문의 원칙을 인간 본성 자체, 인간의 조직 그리고 그 상태에서 추론해야 한다고 한다.

이 중요한 주제를 논한 많은 작가들 사이에 거의 의견 일치를 볼 수 없다는 것을 알았을 때, 우리는 놀라움과 분노를 느끼지 않을 수 없다. 가장 성실한 작가들 중에서도 이 점에 대해 같은 의견을 가진 사람은 거의 없다. 가장 기본적인 원칙에 대해서도 상호반박이 임무인 것 같았던 고대 철학자들은 말할 것도 없고, 로마의

---

11 제네바 아카데미의 교수, 법학자.

법률가들도 인간과 다른 모든 동물을 구별 없이 동일한 자연법에 가두고 있다. 왜냐하면 그들은 이 자연법이란 이름 아래 자연이 다른 것에 대해 규정하는 법칙보다는 오히려 자연이 스스로에게 부과하는 법칙을 고려하기 때문이다. 아니 오히려 법률가들이 '법'이라는 단어를 이해하는 특별한 어의(語義) 때문이다. 그들은 이 법이라는 말을 오직 자연이 생물의 보존을 위해 모든 생물 사이에 확립하고 있는 일반적인 관계를 표현한 것으로만 생각한 것 같다. 근대인들은 법이라는 이름으로는 도덕적인 존재, 즉 지적이고 자유로우며 다른 존재와의 관계에 있어 고찰된 존재에 부합되는 규칙만을 인정한다. 그러므로 근대인들은 자연법의 권능을 이성을 가진 유일한 동물, 즉 인간에게만 국한시킨다. 하지만 이 법을 각자 자기 방식대로 규정하는 근대인들은 그것을 아주 형이상학적인 원칙으로 모두 확립해서 심지어 우리 가운데서도 그것을 스스로 발견하기는커녕 이해할 수 있는 사람도 별로 없다. 그러므로 이들 학자들의 정의는 다른 점에서는 모두 영원히 상호 모순되고 있지만, 다만 대단히 위대한 추론가나 심오한 형이상학자가 아니고서는 자연의 법칙을 이해하는 일, 그 법칙에 따르는 일이 불가능하다는 점에서는 일치한다. 이는 바로 인간이 사회를 건설하기 위해서는 사회 그 자체의 내부에서 극히 소수에만 발달한 지적 능력을 사용하지 않으면 안 되었던 것을 뜻하고 있다.

자연을 거의 알지 못하고 '법'이라는 단어의 의미에 대해 그토록 일치하지 못하면서 자연법에 대해 옳은 정의를 내리는 것은 어려운 일이다. 책 속에서 발견되는 정의는 전혀 같지 않다는 결점 외에도, 사람들이 자연 상태에선 갖고 있지 않았던 많은 종류의 지식에서, 그리고 자연 상태에서 빠져나온 이후가 아니고서는 생각할 수 없는 유리한 입장에서 취했다는 결점을 가지고 있다. 작가들은 공동의 이익을 위해서는 상호 협정에 적당하다고 여겨지는 규칙을 탐구하는 일부터 시작한다. 다음으로 이런 규칙의 집합체에 자연법이라는 이름을 붙이는데, 그것을 보편적으로 실시해보고 그 결과가 좋다는 것 외에는 아무런 증거도 없다. 이것은 분명 정의를 만들어 두고 거의 자의적인 편의에 따라 사물의 본성을 설명하는 아주 편한 방식이다.

하지만 우리가 자연인을 전혀 알지 못하는 만큼 자연인이 받아들인 법이나 그 조직에 가장 적합한 법을 결정지으려 하는 것은 쓸데없는 일이다. 우리가 이 법에 관해 확실히 인정할 수 있는 것은, 그것이 법이 되기 위해서는 그 법을 강요받는 사람의 의지가 그 법을 알고 그 법에 복종할 수 있어야 할 뿐 아니라, 그것이 자연적이기 위해서는 그 법이 자연의 소리를 통해 직접 말해주는 것이어야 한다는 것이다.

그러므로 완성된 그대로의 인간만을 보도록 가르치는 모든 학술서를 놔두고, 인간 영혼의 최초의 가장 단순한 움직임에 대해 고찰해보면, 거기서 이성에 앞선 두 가지의 원리[12]를 인정할 수 있다고 본다. 그 하나는 우리의 평안과 자기 보존에 대해 뜨거운 관심을 기울이는 일이며, 다른 하나는 모든 감성적 존재, 특히 우리의 동포가 죽거나 고통 받는 것을 볼 때 나타나는 자연스러운 혐오감을 불러일으키는 일이다. 내가 보기에 사회성의 원칙을 끌어들일 필요도 없이 위의 두 원리를 협력하게 하고 결합할 수 있는 데서 자연법의 모든 규칙이 유래하는 것 같다. 그리고 이성의 발달로 급기야 이성이 자연을 질식시켜 버렸을 때, 이성은 다른 기초 위에 이 규칙들을 다시 세워야만 한다.

따라서 우리는 철학자를 인간으로 만들기 전에 인간을 철학자로 만들 필요는 없다. 타인을 향한 인간의 의무는 뒤늦은 지혜의 가르침만으로는 받아들이지는 않는다. 그리고 인간이 내적인 연민의 충동에 저항하려 하지 않는 한, 타인이나 다른 감성적 존재를 아프게 하지는 않을 것이다. 다만 자기 보존에 관계되고 자신을 우선시해야할 정당한 경우만은 예외이다. 이 방법으로 동물도 자연법에 관계되느냐 아니냐 하는 오래된 논쟁도 역시 끝내게 된다. 왜냐하면 지식이나 자유가 없는 동물들이 이러한 법을 인지할 수 없음은 명백하기 때문이다. 하지만 어떤 면에서 동물 또한 타고난 감성으로 우리의 자연과 관련성이 있으므로 자연법에 포함시켜야 할 것이며 인간은 동물을 향한 어떤 종류의 의무감을 지닌

---

12 자기애amour de soi와 연민pitié을 가리킨다.

다고 판단해야 할 것이다. 사실 내가 내 동포에게 어떤 해도 끼치지 않아야 한다면 그것은 내 동포가 이성적인 존재라서가 아니라 감성적인 존재이기 때문이다. 이는 동물과 인간에게 공통된 것으로 최소한 한쪽이 다른 한쪽에게 이유 없이 핍박당하지 않을 권리를 부여하는 특질이다.

본원적 인간, 그의 참된 욕구 그리고 의무의 기본 원칙들에 대한 이 연구는 이처럼 많은 난관을 풀기 위해 사용할 수 있는 단 하나의 좋은 방법이다. 그런데 이런 난관들은 도덕적 불평등의 기원, 정치단체의 참된 기초, 그 구성원 상호간의 권리, 그리고 중요하긴 하지만 제대로 해명되지 않은 수많은 여타 문제에 대해 일어난다.

인간 사회를 냉정하고 객관적인 시선으로 고찰하면 이 연구는 우선 강자의 폭력성과 약자에 대한 압박만을 보여주는 것 같다. 그래서 사람의 마음은 강자의 냉혹함에 저항하거나 약자의 무분별함을 개탄하기에 이른다. 사람들 사이에서 대개 지혜보다는 우연으로 생겨나고 약함이나 강함, 부나 빈곤으로 불리는 이 외적 관계보다 불안전한 것은 없으므로, 인간이 건설한 제도는 얼핏 보면 허물어지기 쉬운 모래더미 위에 근거한 것 같아 보인다. 그것을 가까이에서 살펴보고 건물을 둘러싼 모래와 먼지를 걷어내고서야 비로소 건물이 세워진 굳건한 기초를 발견하게 되어 그 토대를 존중하는 것을 배우게 된다. 그런데 인간과 그 타고난 능력과 뒤이어지는 능력의 발달을 성의껏 연구하지 않고서는 결코 이런 구분을 못하고 현재의 사물 구조에서 신의 의지로 이루어진 것과 인간의 기술로 이루어졌다고 주장되는 것을 구별하지 못할 것이다. 그러므로 내가 검토하고 있는 이 중대한 문제에서 생기는 정치적, 도덕적 탐구는 어쨌든 유용한 것이며, 통치에 대한 온갖 가설적인 역사는 모든 점에서 인간에 대한 교육적인 교훈이다. 만일 우리가 자신에게만 맡겨졌더라면 어떻게 되었을까 생각해보면, 자비로운 손으로 우리 제도를 바로잡고 그 제도에 견고한 기반을 제공하여 거기서 비롯될 무질서를 예방하고 우리의 비참함을 가중시켰을 수단을 갖고 우리 행복을 만들어준 '신'을 찬양하는 법을 배워야 한다.

신이 그대에게 무엇이 되라고 일러 주었던가를, 그리고 그대가 인간 세계에서 어떤 위치를 차지하고 있는가를 배워야 한다.

(페르시우스《풍자시》제 5편 71-73행)

주석에 대한 일러두기

두서없이 일하는 게으른 습관에 따라 나는 이 작품에 몇 가지 주석을 덧붙였다. 이 주석은 때때로 주제와 동떨어져 있어서 텍스트와 함께 읽기에는 좋지 않다. 그래서 나는 주석을 책의 마지막 부분에 넣었는데, 최선을 다해 일관성을 가지려고 노력했다.

다시 책을 읽을 용기를 가진 사람들은 주석을 철저히 살펴보고 모두 훑어보면 다시 한 번 즐거운 마음이 들 수 있을 것이다. 그렇지만 주석을 읽지 않는다고 해도 어려움은 거의 없을 것이다.

디종 아카데미가 던진 논제

인간 사이의 불평등의 기원은 무엇인가 그리고
그것은 자연법에 의해 허락된 것일까?

인간 불평등의 기원

나는 인간에 대해 이야기하려 한다. 그리고 내가 검토하는 문제가 내가 사람들에게 말하려 하는 것임을 말해준다. 왜냐하면 진실을 인정하기를 두려워할 때는 이 같은 문제를 결코 제기하지 않기 때문이다. 그러므로 나를 이렇게 하게 이끈 현자들 앞에서 나는 자신 있게 인간성의 대의를 변호할 것이다. 그리고 나 스스로 내 논제가 가치 있고 심사위원들에게 가치 있다면 나 자신에 대해 불만을 갖지 않을 것이다.

나는 인류 안에 두 종류의 불평등이 있다고 생각한다. 하나는 자연에 의해 정해져서, 나이, 건강, 체력, 정신 혹은 영혼의 질의 차이에 근거하기 때문에, 내가 자연적 혹은 신체적 불평등이라고 부르는 것이다. 다른 하나는 일종의 약속에 의거하여 사람들의 동의로 정해지거나 적어도 허가되기 때문에 도덕적 혹은 정치적 불평등이라 지칭될 수 있다. 후자는 일부 사람들이 다른 사람들에게 손해를 끼치고 누리게 되는 갖가지 특권, 이를테면 다른 사람들보다 부유하다든가 더 존경받고 권력이 세며 심지어 다른 이들을 복종하게 만드는 것 같은 특권으로 이루어져 있다.

자연적인 불평등의 원인이 무엇인지에 대해서는 의문을 가질 필요가 없다. 왜냐하면 그 단어에 대한 간단한 정의 안에 답이 들어 있기 때문이다. 또 이 두 가지 불평등 사이에 어떤 본질적인 관계가 있지 않을까 하고 탐구하는 일은 더욱 불필요한 일이다. 왜냐하면 그것은 다른 말로 하면, 명령하는 사람이 복종하는 사람보다 반드시 더 가치 있는지, 그리고 육체나 정신의 힘, 지혜나 미덕이 세력이나 부와 비례하여 언제나 동일한 개인들에게 있는지를 물어보는 것이기 때문이다. 이는 아마도 주인이 있는 자리에서 노예들을 말싸움시키기에는 좋은 문제일 수 있지만 진실을 추구하는 이성적이고 자유로운 사람들에게는 적합하지 않다.

그러면 이 '논문'에서 문제가 되는 것은 정확히 무엇인가? 사건의 발전 속에서 폭력 뒤에 법이 생기고, 본성이 법에 굴복한 그 순간을 지적하는 일, 그리고 어떤 연쇄적인 기적 같은 사건에 의해 강자가 약자에게 봉사하고, 국민이 현실의 행복을 희생하여 상상의 안식을 얻을 결심을 했는가를 설명하는 일이다.

사회의 토대를 검토했던 철학자들은 모두 자연 상태까지 거슬러 올라가야 할 필요성을 느꼈지만 그 누구도 그에 이르지 못했다. 그들 중 어떤 이들은 자연 상태의 인간에게 정당함과 부당함의 개념을 상정하는 데 전혀 망설이지 않으면서, 인간이 이 개념을 가지고 있었으리라는 것과 그 개념이 유용했다는 것조차도 증명해보일 생각은 하지 않았다. 다른 사람들은 '속한다'의 의미를 설명도 하지 않으면서 각자 자신에게 속한 것을 보존하려고 각자의 자연권에 대해 이야기했다. 또 다른 이들은 가장 강한 자에게 가장 약한 자 위에 군림하는 권력을 제공하면서 시작했고, 권력이나 통치라는 단어의 의미가 인간들 사이에서 존재하기에 앞서서 세월이 흘러야 한다는 것을 생각지도 않고 곧바로 통치를 만들어냈다. 끝으로 이 철학자들은 누구나 다 욕구, 탐욕, 억압, 욕망 그리고 거만에 대해 끊임없이 말하지만, 자신들이 사회 속에서 얻은 관념을 자연의 관념의 상태로 옮겨놨을 뿐이다. 그들은 미개인에 대해 말하면서 사실은 사회인을 그렸을 뿐이다. 대부분의 철학자들은 자연 상태가 존재했던 것에 대해서는 전혀 의구심을 갖지 않았다. 그러나 성서를 읽어 보면 명백한 일이지만, 최초의 인간은 신으로부터 지혜와 계율을 직접 받은 것이지 인간 자신이 그와 같은 자연 상태에 있은 것이 아니라고 되어 있다. 그리고 기독교 철학자라면 누구나 그래야 하듯 모세가 쓴 것을 믿는다면, 심지어 대홍수 이전에도 인간이 순수한 자연 상태에 있었다는 것을 부정하지 않으면 안 된다. 그렇지 않으면 그들은 어떤 예외적인 사건을 통하여 자연 상태로 되돌아가야 한다. 이것은 대단히 변호하기 어려운 일이고 증명도 불가능한 역설이다.

그러므로 모든 사실을 따로 떼어놓기로 하자. 왜냐하면 이 사실은 문제와 전혀 관계가 없기 때문이다. 이 주제에 대한 연구를 역사적 진리가 아니라 단지 가설적이고 조건적인 추리로 여겨야 한다. 그리고 이 추리는 사물의 참된 근원을 보여주기보다는 사물의 본성을 조명하는 데 더 적합하고, 자연학자들이 세계의 형성에 관해 매일 하는 추리와 유사하다. 종교는 우리에게 신이 인간을 창조하자마자 바로 자연 상태에서 인간을 꺼냈으므로, 그게 신의 의지이기 때문에 인간은 불평등하다는 사실을 우리에게 믿으라고 명령한다. 하지만 인간이 스스로에게 맡겨져 있었다면 어떻게 되었을지 인간과 주변 존재들의 본성만을 바탕으로 추측하는 것은 종교도 금하지 않는다. 바로 이것이 내가 구하고 있는 것이고, 내가 이 논문에서 검토하려는 것이다. 내 주제는 인간 일반에 관계되므로 나는 모든 국민에게 적합한 표현 방법을 쓸 것이다. 내가 이야기하고 있는 사람들만을 생각하기 위해 때와 장소를 잊고 나는 아테네의 뤼케움 학당에 있고 플라톤과 크세노크라테스[13] 같은 사람들을 심사위원으로 모시고 인류를 청중 삼아 스승들의 가르침을 반복하고 있다고 가정해볼 것이다.

오 인간이여, 그대가 어디 출신이건 그대의 의견이 어떻든 경청하라. 바로 여기에 거짓말쟁이인 그대의 동포들의 책에서가 아니라 결코 거짓말하지 않는 자연 속에서 내가 읽었다고 생각하는 대로의 그대들의 역사가 있다. 자연에 속하는 모든 것이 진실이다.

---

13 기원전 4세기의 철학자. 플라톤의 제자. 청렴결백한 인물로 알려져 있다.

거기에 거짓이 있다면, 그것은 원치는 않았지만 내가 거기에 내 것을 섞었을 경우뿐이다. 내가 이제 이야기하게 될 시대는 먼 옛날이다. 그대는 예전 모습에서 얼마나 많이 변했는지! 내가 그대에게 묘사하게 될 것은 그대가 받은 자질에 따라 교육과 습관으로 타락시킬 수는 있지만 파괴시킬 수는 없는 그대의 종(種)의 삶이다. 개인의 생에는 머물고 싶다고 생각되는 시기가 있다. 그러므로 그대도 그대의 종(種)이 머물고 싶다고 생각되는 시대를 구할 것이다. 그대의 불행한 후손들에게 더 큰 불만을 예고하는 이유들 때문에 현 상태에 불만을 가진 그대는 아마 예전으로 되돌아가고 싶을 것이다. 그리고 이 감정은 그대의 옛 조상은 찬양하고 동시대인은 비판하고 불행히도 그대 다음에 살게 될 자에게는 공포를 불러일으킬 것이다.

제1부

자연 상태의 인간을 제대로 판단하기 위해 인간을 근원부터 고려한
다 해도, 말하자면 최초의 종의 배아 단계에서 인간을 검토하는 것
이 아무리 중요하다 해도, 나는 인간의 연이은 발전을 통해 그 유기
적인 체계를 따라가지는 않을 것이다. 또한 현재의 인간이 되기 위
해 태초에 인간이 어떠했는지를 위해 동물의 체계를 탐구하려고 멈
추지는 않을 것이다. 아리스토텔레스가 생각한 것처럼 현재의 길쭉
한 손톱이 예전에는 갈고리 모양의 발톱이 아니었는지, 인간이 곰
처럼 털북숭이는 아니었는지 그리고 네 발로 걸었던 것은 아닌지,[14]
땅을 향해 있어서 좁은 시야가 자기 관념의 특성과 한계를 동시에
특징짓지 않았는지 검토하지는 않을 것이다. 나는 이 주제에 대해
서 막연하고 상상과도 같은 추측만 해볼 것이다. 비교해부학은 아
직 진보하지 않았고, 박물학자의 관찰은 아직 너무 불확실해서 이
같은 내용에 대해 견고한 추론의 기초를 세울 수 없다. 이렇게 해서

---

14 130쪽 〈원주 3〉

이 점에 대해 우리가 가진 초자연적 지식에 의존하지 않고, 인간이 자신의 팔다리를 새로운 용도에 적용시키고 새로운 식생활의 변화에 따른 인간 내면과 외면의 갑작스러운 형태 변화를 고려하지 않고, 나는 인간의 형태가 지금의 모습대로 모든 시대에도 그러했을 거라고 전제할 것이다. 두 발로 걷고 지금처럼 손을 쓰고 시야를 넓게 가지며 눈으로 넓은 하늘을 가늠하는 것처럼.

이렇게 구성된 존재에서 인간이 받을 수 있는 모든 초자연적 선물과 오랜 진보로만 획득할 수 있는 모든 인위적 능력을 벗겨 보면, 한마디로 인간을 자연의 품에서 나온 상태에서 고찰해보면, 어떤 동물보다는 힘이 약하고 또 다른 동물보다는 민첩하지 못하지만 다른 어떤 동물들보다도 유리하게 조직되어 모든 것을 취할 수 있는 동물을 보게 된다. 인간은 떡갈나무 아래서 배를 채우고 시냇물을 발견하면 곧바로 갈증을 풀며 먹을 것을 제공해준 그 나무 밑에서 잠자리를 발견한다. 그렇게 되면 그의 욕구는 다 채워진 것이다.

토지는 자연 그대로의 비옥한 상태로 방치되고,[15] 도끼로 훼손되지 않은 거대한 숲으로 덮인 땅은 걸음을 옮길 때마다 모든 종류의 생명들에게 먹거리와 은신처를 제공해준다. 동물들 사이에 흩어져 있는 인간은 동물의 기교와 지혜를 관찰, 모방하여 동물의 본능에까지 이른다. 더구나 동물은 각 종(種)이 자기 본능밖에 가지고 있지 않고 인간은 자신에게 속한 것이 아무것도 없어서 모든 것

---

15 132쪽 〈원주 4〉

을 자기 것으로 삼고 다른 동물들이 먹는 다양한 양식[16] 대부분을 먹는다는 이점을 바탕으로 다른 동물보다 쉽게 자기 생활의 생계 수단을 찾게 된다.

어린 시절부터 변덕스러운 날씨와 가혹한 계절에 익숙하고, 피로에 익숙해질 만큼 단련되고 다른 잔인한 짐승들에 맞서 벌거벗은 채로 무기도 없이 자신들의 생명과 먹을 것을 힘들게 지켜내야 했으며, 그것들에게서 벗어나기 위해 죽을힘을 다해 달려야 했던 인간들은 건장하고 거의 한결 같은 체질을 갖게 된다. 아이는 아버지의 훌륭한 체격을 닮고 태어나 훈련 과정을 거쳐 강하게 단련되고 이렇게 해서 인류가 지닐 수 있는 가장 튼튼한 체격을 획득한다. 이 경우에 자연은 그들에 대해 바로 스파르타의 법률이 시민의 아이들에 대해 한 것과 똑같이 행동한다. 즉, 자연은 훌륭한 체격의 사람들을 강하고 건장하게 만들고 그렇지 못한 이들을 다 사라지게 한다. 이 점에서 자연은 우리 사회와는 다르다. 우리 사회에서 국가는 아이들을 아버지들의 짐이 되게 만듦으로서 아이들이 태어나기도 전에 무차별적으로 죽이고 있다.

미개인의 몸은 그가 알고 있는 유일한 도구이므로 그는 다양한 용도로 자기 몸을 사용한다. 그런데 오늘날 우리는 훈련 부족으로 인해 몸을 그럴 수 없다. 그리고 미개인이 필요에 의해 획득하는 힘과 민첩함을 우리에게서 빼앗는 것은 사실 우리의 산업이다. 미개

---

16 134쪽 〈원주 5〉

인에게 도끼가 있다면 손목으로 그렇게 강한 가지들을 부러뜨릴 수 있을까? 투석기가 있다면 손으로 그토록 강하게 돌을 던질 수 있을까? 사다리가 있다면 나무 위를 그처럼 가볍게 기어 올라갈 수 있을까? 말이 있다면 그렇게 빨리 달릴 수 있을까? 문명인에게 이런 도구를 주변에서 모두 모을 시간을 줘 보라. 그가 미개인을 쉽게 압도하리라는 것은 의심할 여지가 없다. 하지만 보다 더 불평등한 싸움을 보고 싶다면, 두 편을 발가벗긴 채 무기 없이 맞서게 해 보라. 그러면 곧 끊임없이 자신의 힘으로 모든 일에 언제나 준비가 되어 말하자면 언제나 온전히 자기 전체를 몸에 지니고 행동하는[17] 것이 얼마나 유리한지 곧 알게 될 것이다.

홉스[18]는 인간이 원래 대담하여 단지 공격하고 싸우려고만 한다고 주장한다. 어떤 유명 철학자[19]는 그 반대의 생각을 갖고 있다. 그리고 컴벌랜드[20]나 푸펜도르프[21]도 그것을 보증하고 있다. 자연 상태의 인간은 더할 수 없이 소심해서 언제나 떨고 있고 주변의 조그만 소리나 움직임에도 달아날 준비를 한다는 것이다. 그가 알지 못하는 일에 대해서는 그럴지도 모른다. 그러므로 그가 당연히 예상

---

17 135쪽 〈원주 6〉

18 홉스Thomas Hobbes(1599-1679), 영국의 철학자, 정치학자. 영국 유물론의 창시자인 베이컨의 유물론 철학을 계승, 체계화시켰다.

19 몽테스키외를 지칭.

20 리처드 컴벌랜드Richard Cumberland(1631-1718). 영국의 국교회 감독, 홉스의 논적.

21 푸펜도르프Pufendorf(1632-1694). 독일의 법학자, 그로티우스의 원리를 조술한 사람,

하는 육체적인 행복과 불행을 자기가 식별할 수 없고, 또 자기가 직면하고 있는 위험에 자기가 힘으로 맞설 수 없을 것 같은 경우에는 언제나 눈앞에 나타나는 모든 새로운 광경에 겁을 먹는다는 일은 의심할 여지가 없다. 이는 자연 상태에서는 드문 상황들이다. 자연 상태에서는 모든 것이 아주 한결같은 방식으로 진행되고 모여든 사람들의 정념과 변덕에서 비롯된 갑작스럽지만 지속적인 변화에 대해 땅이 전혀 굴하지 않는다. 하지만 동물 가운데서 흩어져 일찍부터 동물과 힘을 겨루며 사는 미개인은 얼마 지나지 않아 동물과 자신을 비교할 테고, 동물이 힘에서 자신을 압도하는 것 이상으로 자신이 기술면에서 동물보다 뛰어나다는 것을 느끼고서 더 이상 동물을 두려워하지 않게 된다. 곰이나 늑대를 건장한 미개인과 대결시켜 보라. 미개인은 모두 그렇듯 용감하고 민첩하며, 튼튼하여 돌과 막대기로 무장하고 있다. 그러면 위험이 적어도 상호적이라는 것을 몇 번 경험한 뒤에는 본래 서로 공격하는 것을 좋아하지 않는 야수는 인간이 자기와 마찬가지로 사납다는 점을 발견했을 터이므로 인간을 쉽게 해치는 일은 거의 없다. 실제로 인간의 재치를 힘으로 압도한 동물에 대해서 인간은 보다 약한 다른 동물과 같은 처지에 처한다. 그래도 그들은 살아가고 있다. 게다가 인간은 그들 못지않게 발이 빠르고 나무 위에서 거의 완전한 피난처를 발견하므로 언제 어디서 만나더라도 자유롭게 선택하여 도망치거나 싸우는 것도 뜻대로 할 수 있는 유리함이 있다. 자기 방어나 극도로 허기진 경우를 제외하고는 어떤 동물도 인간을 공격하지는 않는 것 같다. 그리고 어떤 동물도 인간에 대해 하나의 종이 본성에 의해 다른 종의 먹이가 될 운명임을 예고하는 듯한 노골적인 반감을 나타내지 않는다.

인간이 막을 수 없는 더 두려운 다른 적은 태생적 나약함, 유년기, 노년기와 온갖 종류의 질병들이다. 이는 우리의 나약함의 슬픈 징후들이다. 그 가운데 처음 두 가지는 모든 동물에게 공통된 것이고 마지막 것은 주로 사회 안에서 생활하는 인간에게 해당된다. 유년기에 있어서 아이를 어디나 데리고 다닐 수 있는 인간 엄마는 여러 동물의 암컷보다 훨씬 아이 키우기가 쉽다고 생각한다. 동물의 암컷은 한편으로는 먹이를 찾고 다른 한편으로는 새끼에게 젖을 먹이거나 양육하기 위해 아주 지친 상태로 끊임없이 왔다 갔다 해야 한다. 분명히 어미가 위험에 빠지게 되면 새끼도 위험에 빠질 우려가 있다. 그러나 이 위험은 새끼가 오랫동안 자기 힘으로 먹이를 찾아 나설 능력이 없는 수많은 다른 동물에도 공통된 일이다. 그리고 인간의 유년기가 동물보다 길더라도, 수명 역시 그만큼 길기 때문에 그 점에 있어서는 모든 것이 거의 평등하다.[22] 다만 유년기의 길이나 출생률에 관해 다른 법칙이 있지만,[23] 그것은 지금 내 주제는 아니다. 활동량이 적은 노인들의 경우 음식의 욕구는 그것을 마련할 능력과 더불어 감소한다. 야생 생활 덕분에 통풍이나 류

---

22 137쪽 〈원주 7〉

23 138쪽 〈원주 8〉

머티즘을 앓지 않으므로, 그리고 늙는다는 것은 모든 질병 가운데서 인간적인 도움이 거의 위로해 줄 수 없는 질병이므로, 사람들이 사라지는 것을 알아채지 못한 채 그리고 그들 자신도 거의 인지하지 못한 채 숨을 거둔다.

질병에 관해서 대부분의 건강한 사람들이 의술을 비난하는 공허하고 잘못된 허풍스러운 말을 나는 반복하지는 않을 것이다. 하지만 의학이 가장 낙후된 나라들이 의학 기술이 발달한 나라보다 평균수명이 더 짧다고 결론내린 관찰이 확실한지 물어보겠다. 의학으로 치료할 수 있는 것보다 더 많은 질병을 앓게 되는 것은 어찌된 일인가. 생활 양식에 있어서의 극도의 불평등. 한쪽은 지나치게 한가하고 다른 쪽은 지나치게 일한다. 식욕과 성욕은 쉽게 자극되고 쉽게 만족된다. 지나치게 신경 쓴 부자들의 음식은 변비를 유발하고 소화불량으로 부자들을 괴롭힌다. 가난한 이들의 나쁜 음식은 대체로 그 양이 부족하여 때때로 먹을 수 있을 때면 지나치게 먹게 된다. 밤샘, 온갖 종류의 무절제, 과도한 흥분과 격정, 피로, 기진맥진, 슬픔 그리고 삶의 온갖 상태에서 경험하는 수많은 걱정과 고통, 그로 인해 영혼은 끊임없이 좀먹게 된다. 이는 우리의 질병 대부분이 스스로 자초한 것이고 자연이 처방한 대로 한결같고 검소하며 고독하게 사는 방식을 고수했더라면 피할 수 있었을 것임을 보여주는 서글픈 보증과 같은 것이다. 자연이 우리를 건강한 운명으로 예정한 것이라면, 성찰은 자연에 위배되는 상태이고 생각하는 인간은 타락한 동물이라고 감히 단언해보겠다. 미개인의 훌륭한 체격, 적어도 우리의 강한 술로 몸을 못 쓰게 만들지 않은 사람들의 체격을 생각해보면, 또 그들이 다치거나 노쇠함 이외에는 거의 병을 모른다는 사실을 고려할 때, 문명사회의 역사를 따라가면 질병의 역사는 손쉽게 만들 수 있을 거라는 생각이 든다. 이는 적어도 트로이 전쟁 때 포달레이리오스[24]와 마카온[25]에 의해 쓰였거나 인정된 몇 가지 약에 대해, 이 약이 유발할 수 있는 다양한 질병은 당시 사람들이 몰랐던 병이었다고 판단한 플라톤의 의견이다.

질병의 원인이 거의 없던 자연 상태의 인간에게는 치료약도 의사도 필요 없었다. 인류가 이 점에서 다른 동물보다 더 나쁜 상황에 있는 것도 아니다. 그리고 사냥 중에 아픈 동물을 많이 보게 되는지의 여부는 사냥꾼들을 통해 쉽게 알 수 있다. 깊은 상처를 입었지만 회복이 잘 된 동물들을 본 사냥꾼이 많다. 동물들은 뼈나 사지가 잘리기도 하지만 시간 외의 다른 외과 의사도, 일상생활 외의 다른 처방 없이도 회복되었고 수술로 고통 받지도 약에 중독되지도 단식으로 기진맥진하지도 않고 완벽하게 나았다. 제대로 된 의료 기술이 유용할 수는 있어도 홀로 내던져진 아픈 미개인은 자연밖에는 희망

---

24 그리스·로마 신화에 나오는 의술(醫術)의 신(神)인 아스클레피오스의 아들로, 정신과 의사. 의술의 신 아스클레피오스가 에피오네에게서 낳은 아들이다.

25 그리스·로마 신화에 나오는 의술(醫術)의 신(神)인 아스클레피오스의 아들로, 외과의사. 아스클레피오스의 아들로 그의 형제 포달레이리오스와 함께 트로이전쟁에 참전하였다.

을 걸 데가 없지만 그의 병 외에는 두려워할 것이 없으므로 우리보다 더 나은 상황임이 확실하다.

그러므로 미개인과 우리 눈앞에 있는 사람들을 혼동하지 않도록 하자. 자연은 자신의 치료에만 의존하는 모든 동물들을 편애하여 치료해주고, 이는 자연이 이 권리를 얼마나 소중히 생각하는지 보여주는 것 같다. 말, 고양이, 황소, 낙타도 대부분 집에서보다는 숲에서 키도 더 크고 건장하고 기운차고 힘세며 용맹하다. 가축이 되면서 그들은 이 장점들의 반을 잃게 된다. 동물을 잘 키우고 먹이려는 우리의 모든 정성이 그들을 퇴화시키기만 한다. 사람도 마찬가지다. 사회화되고 예속되면서 인간은 약하고 두려움 많고 비굴해지며, 부드럽고 연약한 삶의 태도는 그의 힘과 용기를 동시에 약화시킨다. 게다가 야생과 사육이라는 조건 차이가 동물과 동물 사이에서보다는 인간과 인간 사이에서 더 큰 것 같다. 왜냐하면 자연은 인간과 동물을 똑같이 취급했지만 인간이 길들인 동물보다 인간 스스로에게 주는 편의가 인간을 더 많이 쇠퇴시키는 특별한 원인이 되기 때문이다.

그러므로 옷과 집이 없거나 우리가 그토록 필요하다고 생각한 온갖 쓸데없는 것의 결핍이 최초의 인류에게는 그리 큰 불행도 아니고, 종족 보존에 있어 그리 큰 장해도 아니다. 그들은 털이 많지 않지만 더운 지방에선 털이 필요 없고, 추운 지방에서는 인간이 정복한 동물의 털가죽을 자기 것으로 만드는 법을 배운다. 뛰는 데는 두 다리밖에 없지만 두 팔이 있어 자기 방어를 하고 필요한 것을 마련할 수 있다. 아이는 뒤늦게 힘든 걸음마를 배우지만 엄마가 쉽게 데리고 다닐 수 있다. 이는 쫓기는 상황이 오면 새끼를 버리거나 자기 걸음을 새끼에 맞추는 다른 동물들에게는 없는 장점이다. 내가 이어서 말하게 되겠지만, 결코 일어날 수 없는 독특하고 우연한 상황의 일치를 전제하지 않는 한, 어쨌든 옷이나 집을 발명한 이는 사실 필요치 않은 것을 만들었다는 것이 명백하다. 왜냐하면 그때까지 그것 없이 지내왔고 어린 시절부터 견뎌왔을 생활 양식을 어른이 되어서 견딜 수 없을 이유가 없기 때문이다.

혼자 여유롭긴 하지만 늘 위험에 직면해 있는 미개인은 자는 것을 좋아하고 동물처럼 가볍게 졸음에 빠진다. 동물은 생각을 거의 하지 않고 생각하지 않을 때는 내내 잠을 잔다. 미개인에게는 자신을 지키는 것이 거의 유일한 관심사이므로, 그의 가장 뛰어난 능력은 때로는 먹이를 얻기 위한 때로는 다른 동물의 먹이가 되지 않기 위한, 공격과 방어능력임에 틀림없다. 반대로 유약함과, 정념에 의해서만 완성되는 기관은 조잡한 상태에 머무르게 틀림없으며, 그에게는 어떤 종류의 섬세함도 없다. 그리고 이 때문에 그의 감각은 둘로 나뉘게 되어 촉각과 미각은 극히 둔하고 시각과 청각 그리고 후각은 몹시 예민해질 것이다. 이것이 일반적인 동물의 상태이고, 또한 여행자들의 보고서에 따르면 대부분의 미개 민족의 상태이다. 이렇게 해서 희망봉의 호텐토트족[26]이 육안으로 망원경을 가진 네덜란드 사람들만큼 먼 바다에 있는 배를 발견하는 것이나, 아메리카의 미개인들이 가장 뛰어난 개처럼 에스파니아인의 흔적을 느끼고 쫓아가거나, 모든 미개 민족이 벌거벗고 다니는 것을 부끄러워하지 않고 매운 고추로 미각을 자극하며 유럽인의 술을 물처럼 마시는 것에 대해 놀랄 필요가 전혀 없다.

여기까지 나는 단지 자연 상태의 인간만을 고찰해왔다. 이제 형이상학적이고 도덕적인 면에서 바라보도록 하자.

나는 어떤 동물에서나 정교한 기계만을 보는데, 자연은 그 기계에게 스스로 필요한 것을 갖추고 자신을 파괴하거나 혼란에 빠뜨리려는 모든 것으로부터 어느 정도까지 자신을 보호하기 위한 감각을 주었다. 나는 인간 기계 속에서도 정확히 같은 것을 인지한다. 다만 짐승의 행동에 있어서는 자연만이 모든 것을 행하는 데 비해 인간은 자유 주체의 자격으로 자연의 행위에 협력한다는 점이 다르다. 한쪽은 본능에 따라 다른 쪽은 자유행위로 선택하거나 거부한다. 이를 통해 짐승은 규칙을 벗어나는 것이 유리할 때도 규정된 명령을 벗어날 수 없고, 인간은 자신에게 해로울 때는 종종 규칙을 위반하기도 한다. 이렇게 해서 비둘기는 맛있는 고기가 가득 든 그릇 옆

---

26 아프리카 인종의 하나. 아프리카 남부 칼라하리 사막 주변에 사는 황갈색 피부의 미개 종족으로 일찍이 남아프리카 서해안에 널리 분포되어 있었으나, 현재는 나미비아 일부와 보츠와나에 약간 남아 있다. 작은 키에 여자는 엉덩이가 매우 돌출된 것이 특징이며, 유목 생활을 하였으나 오늘날에는 대부분이 정착하였다.

에서, 그리고 고양이는 과일이나 곡식 더미 위에서 배가 고파 죽을 수도 있다. 둘 다 먹을 것을 얻으려 했다면 얼마든지 배불리 먹을 수 있었을 것인데도 말이다. 이렇게 해서 절제력 없는 인간은 무절제에 빠지고 이는 질병과 죽음의 원인이 된다. 정신이 감각을 타락시키고 자연이 잠자코 있을 때도 의지는 여전히 행동하기 때문이다.

모든 동물이 감각을 지니고 있는 이상 관념을 가지고, 심지어 어느 정도까지는 그 관념을 결합시킨다. 그리고 이 점에서 인간과 동물의 차이는 그리 크지 않다. 몇몇 철학자들은 심지어 인간과 동물보다 인간과 인간 사이의 차이가 더 크다는 주장을 내세우기도 했다. 그러므로 동물과 인간을 구별하는 것은 지성이 아니라 그의 자유 주체라는 특질이다. 자연은 모든 동물에게 명령하고 동물은 그에 복종한다. 인간은 같은 인상을 느끼지만 복종하거나 저항하는 것은 자유라고 인정한다. 그리고 특히 이 자유의 인식 가운데서 영혼의 영성이 드러난다. 왜냐하면 자연학은 어떤 방식에서 감각의 메커니즘과 관념의 생성을 설명하고 있다. 하지만 의지의 힘보다는 선택의 힘 속에서, 그리고 이 힘의 감정 속에서 순수하게 정신적인 행위만을 발견하게 되고, 역학의 법칙으로는 그에 관해 아무것도 설명할 수 없다.

그런데 이 모든 문제를 둘러싼 어려움으로 인해 인간과 동물과의 차이에 논쟁의 여지가 어느 정도 남아 있을지라도, 이 둘을 구별하고 아무 이의도 있을 수 없는 아주 특별한 특질이 있는데, 그것은 자기 발전 능력이다. 인간은 환경의 도움을 빌어 다른 능력을 차례차례로 발전시키는 것이다. 이에 반해 동물은 몇 개월 만에 평생 변치 않는 모습이 되고, 또한 그 종은 천 년이 지나도 천 년 전 모습 그대로이다. 왜 인간만이 바보가 되기 쉬울까? 인간이 이렇게 원시 상태로 되돌아가는 것은 아닐까? 아무것도 얻은 게 없어서 잃을 것도 없는 동물이 여전히 본능과 더불어 머물러 있는 반면에 인간은 '개선 가능성'으로 인해 얻었던 모든 것을 노화나 다른 사고 때문에 다시 잃고서 짐승보다 더 낮은 곳으로 떨어지는 것은 아닐까? 우리로서는 독특하고 거의 무한한 이 능력이 인간의 모든 불행의 근원이라는 사실을 인정하는 것이 슬플 것이다. 그리고 평온하고 죄 없는 나날을 보낼 수 있는 원래의 상태에서 시간의 힘으로 그를 끌어낸 것도 이 개선 능력이며, 세기의 흐름과 더불어 깨달음과 오류, 미덕과 악덕을 나타나게 하여 결국 그를 자신과 자연의 폭군으로 만든 것도 이 능력이라는 사실을 슬프지만 인정해야 한다.[27] 오리노코 강[28] 연안 주민들에게 아이들의 관자놀이에 판자를 대는 것을 처음 알려준 사람을 은인으로 칭송하라고 강요하는 것은 끔찍한 일이다. 적어도 그 판자는 어린이들의 어리석음과 본래 가지고 있던 행복의 일부분을 그들에게 보증하고 있기 때문이다.

---

[27] 139쪽 〈원주 9〉

[28] 남아메리카 북부에 있는 강. 길이 약 2,140km. 유역면적 94만 8,000㎢. 베네수엘라의 국토를 관통하여 대서양으로 빠지는 남아메리카 제3의 강이다. 브라질과 베네수엘라의 국경 부근인 기아나 고지에서 발원.

자연에 의해 본능에만 맡겨진 미개인은, 아니 그보다 그들에게 부족한 본능을 우선적으로 채워줌으로써 그것을 자연 이상으로 훨씬 더 높일 수 있는 능력으로 변화시키고 있는 미개인은, 그 때문에 처음에는 순수하게 동물적인 기능에서 시작할 것이다.[29] 지각과 감각이 그의 최초의 상태이며, 그것은 미개인과 모든 동물에게 공통되는 일일 것이다. 새로운 상황이 새로운 발전을 일으킬 때까지 원하는 것과 원하지 않는 것, 욕망을 갖는 것과 두려워하는 것은 최초의, 그리고 거의 유일한 영혼의 작용일 것이다.

　모랄리스트들이 무슨 말을 하건 인간의 지적 능력과 정념은 서로 많은 영향을 주고받는다. 바로 이 지적 능력과 정념의 활동에 의해 우리의 이성이 완전해진다. 우리가 지식을 갖추려고 노력하는 것은 다만 즐기려고 하기 때문이다. 그리고 욕망도 두려움도 없는 인간이 스스로 추론하는 고통을 겪으려 할 이유가 없다. 정념 또한 그 기원을 우리의 욕구에서, 그리고 그 진보를 우리의 지식에서 이끌어 낸다. 왜냐하면 사람은 자기가 가질 수 있는 관념에 입각하든가, 아니면 단순한 본성의 충동에 의해서 사물을 탐내거나 두려워할 수밖에 없기 때문이다. 모든 종류의 지식이 없는 미개인은 단지 이 마지막 종류의 정념만을 느낄 따름이다. 그의 욕망은 자신의 육체적 욕구를 넘어서지 못한다.[30] 이 세계에서 그가 알고 있는 욕망은 먹

29 148쪽 〈원주 10〉

30 159쪽 〈원주 11〉

는 것과 이성(異性)과 휴식뿐이다. 그리고 그가 두려워하는 유일한 불행은 고통과 배고픔이다. 나는 죽음이 아니라 고통이라고 말한다. 왜냐하면 동물은 죽는다는 것이 무엇인지 알지 못할 것이고, 죽음과 그 공포에 대한 깨달음은 동물의 조건에서 멀어지면서 인간이 처음으로 얻어낸 것 가운데 하나이기 때문이다.

이 생각을 사실로 유지하는 일, 즉 세계의 모든 국민에게 있어서 정신적 진보는, 국민들이 자연으로부터 받았거나 환경에 의해 강요받은 욕구, 이를테면 이들 욕구를 채우도록 그들을 재촉하는 정념과 꼭 정비례했다는 사실을 보이는 일은 내게 쉬운 일이다. 나는 이집트에서 나일 강의 범람과 함께 여러 가지 기술이 생기고 확대되는 것을 예로 들 것이고, 그리스인 사이에서의 여러 가지 기술 진보를 짚어볼 수도 있다. 그곳에서는 온갖 기술이 에우로타스 강[31]의 비옥한 연안에 뿌리를 내릴 수 없어 아티카[32] 주의 모래와 바위 사이에서 싹트고 성장하고 하늘까지 뻗어 올라가는 것을 본다. 나는 대체로 북유럽 사람들이 남유럽 사람들보다 더 근면하다는 사실에 주의를 기울이게 할 것이다. 왜냐하면 북유럽인들이 그러지 않고서는 살기 어렵기 때문인데, 이는 마치 자연이 땅에서 거부한 비옥함을 정신에 허락하면서 사물을 평등하게 하려 했던 것 같다.

---

31 그리스 남부 펠로폰네소스 반도(Peloponnesos Pen.)에 있는 강. 길이는 82km이다. 에브로타스 강(Evrotas)이라고도 한다.

32 아티케(Attike)라고도 함. 그리스의 지방 이름. 북은 보이오티아에 접하며 서는 메가리스를 둘러싸고 코린토스 지협(地峽)에 의하여 페리폰네소스에 접하는 반도.

하지만 불확실한 역사적 증거의 힘을 빌지 않고서도, 모든 상황이 미개인에게서 미개 상태에서 벗어나게 하는 유혹과 수단을 떼어놓고 있는 것 같다는 것은 누구나 알 수 있다. 그의 상상력은 아무것도 그리지 않고 그의 마음은 아무것도 요구하지 않는다. 그의 사소한 욕구는 쉽게 충족되고 더 큰 것을 얻기 위해 필요한 정도의 지식과는 아주 거리가 멀어서 예측도 할 수 없고 호기심도 가질 수 없다. 자연의 광경은 친숙해서 그의 관심을 끌지 못한다. 보고 듣는 것은 항상 같은 순서이고 항상 같은 모순이다. 그는 아무리 엄청난 경이로움 앞에서도 놀라지 않는다. 그러므로 인간이 매일 보아 온 것을 한 번으로 충분히 관찰할 수 있도록 하기 위해 인간이 필요로 하는 철학을 그에게서 찾아서는 안 된다. 어떠한 것에도 동요되지 않는 그의 영혼은 얼마나 가깝든 미래에 대한 어떤 생각도 없이 현재 실존에 대한 유일한 감정에 몰입한다. 그리고 눈에 보이는 것에 국한된 그의 계획은 겨우 그날 하루의 끝까지 펼쳐질 따름이다. 오늘날에도 카리브 지역 주민의 예측은 이 정도이다. 이를테면 아침에는 밤에 이불이 필요할 것을 예견하지 못해서 자기 이불까지 팔아버리고 저녁이면 울면서 그것을 되사러 간다.

이 주제에 대해 성찰하면 할수록 순수한 감각과 가장 단순한 지식과의 간극은 점점 커진다. 그리고 어떻게 한 사람이 커뮤니케이션의 도움 없이 그리고 필요성의 자극도 없이 자신의 힘만으로 이렇게 큰 간극을 뛰어넘을 수 있었을지 이해하는 것은 불가능하다.

인간이 하늘의 불(태양) 외의 다른 불을 발견하기까지 얼마나 많은 세월이 흘렀던가? 가장 평범한 원소(불)의 용법을 배우기 위해 얼마나 많은 우연들이 필요했던가? 불을 다시 지피는 기술을 획득하기 전에 그들의 손에서 불이 얼마나 많이 꺼졌는가? 그리고 그 비법이 발견자와 함께 얼마나 자주 사라져 버렸던가? 농업에 대해 우리는 어떻게 말할 것인가? 농업은 참으로 많은 노동과 예측을 필요로 하고, 정말 많은 기술과 연관 있고 적어도 하나의 사회가 시작되지 않으면 실행 불가능하다는 것이 극히 명백한 기술이다. 또한 우리가 그것이 없어도 땅이 잘 공급해줄 식량을 땅에서 뽑아내는 것만큼 우리 취향에 가장 부합되는 것을 생산하도록 땅에 무리하게 강요하는 것은 소용없는 기술이다. 그런데 인간이 너무 많이 늘어나 자연의 산물만으로는 먹여 살릴 수 없게 되었다고 가정하자. 이것은 이와 같은 생활 양식으로는 오히려 인류에게 대단히 유리하다는 것을 나타내는 가정이다. 대장간도 작업장도 없이 농기구가 미개인에게 하늘에서 뚝 떨어졌고 이들은 지속적인 노동에 대한 극단적인 증오를 극복했고 오래전부터 필요한 것을 예측하는 법을 배웠고 어떻게 땅을 경작하고 씨를 뿌리고 나무를 심어야 하는지 짐작했으며 제분과 포도 발효기술을 찾아냈다고 가정해보자. 그들 스스로 이 모든 것을 배웠다고는 생각할 수 없으므로 신들에게 배워야 했던 일이다. 그러나 이 모든 것 후에 그 수확이 마음에 든 짐승이건 무엇이건 제일 먼저 온 자가 다 파헤쳐버릴 밭을 애써 가꿀 만큼 어리석은 인간이 대체 어디 있겠는가? 누가 자신에게 필요한 만큼의 양을 수확 못할 것이 확실한데 힘든 일을 하며 살려하겠는가? 한마디로 땅이 분배되지 않으면, 즉 자연 상태가 조금이라도 사라지지 않으면 어떻게 이 같은 상황에서 사람들이 땅을 경작할 수 있겠는가?

우리 철학자들만큼 사고력이 뛰어난 미개인을 전제해보자. 즉, 그들의 예를 따라 그 미개인을 철학자로 만들고 그가 스스로 가장 숭고한 진리를 발견하고 질서 일반에 대한 사랑에서 또는 창조자의 뚜렷한 의지에서 비롯된 정의와 도리의 원리를 극히 추상적인 추리를 거듭하여 자기 힘으로 만들어 낸다고 전제해보자. 한마디로 미개인의 정신 속에, 그에게 분명히 있으며 현재도 발견되고 있는 어리석고 미련할 정도의 지식과 지성이 있다고 전제해보자. 그렇다 한들 소통될 수 없고 그것을 발명한 개인과 더불어 소멸해버린 이 모든 형이상학에서 어떤 실리를 끌어낼 수 있을까? 숲의 동물들 가운데 흩어져 있는 인간이 어떤 진보를 할 수 있을까? 거주지도 없고 서로를 필요로 하지도 않아서 서로 알지도 못하고 이야기도 건네지 않고 아마도 일생동안 겨우 한두 번 우연히 만날까 말까 한 사람들이 어느 정도까지 발전하고 계발할 수 있을까?

우리가 얼마나 많은 관념을 말을 통해 얻고 있는지, 문법이 얼마나 정신의 움직임을 훈련하고 원활히 하고 있는지를 생각해보자. 그리고 처음으로 언어를 발견하기까지 걸렸던 엄청난 시간과 상상할 수 없는 고통을 생각해보자. 이 성찰을 앞의 것에 합해 보면 인간의 정신에서 그가 할 수 있는 것을 차례로 발전시키기 위해 얼마나 오랜 세월이 필요했는지 판단하게 될 것이다.

여기서 잠깐 언어의 기원에 관한 온갖 어려움을 고찰하려 한다. 이 문제에 관해 내 관점을 정리하게 해 준 콩디악 신부[33]의 연구를 인용하거나 반복하는 것으로 그칠 것이다. 하지만 이 철학자가 자의적인 기호 설정의 기원에 관해 자신이 겪은 어려움을 해결하는 방식이 내가 문제 삼은 것, 즉 언어의 발명자들 사이에서 이미 확립된 일종의 사회를 전제하고 있었음을 보여주므로, 그의 성찰을 참조하면서 내 주제에 적합한 동일한 어려움을 공개적으로 보여주기 위해 거기에 내 성찰을 덧붙여야 한다고 생각한다. 처음 나타나는 어려움은 어떻게 언어가 필요하게 되었는가를 상상하는 일이다. 왜냐하면 사람들은 서로 어떤 의사소통도 없었고 그럴 필요도 없었으므로, 꼭 필요한 것이 아니었다면 이러한 발명의 필요성도 그 가능성도 생각하지 못했을 것이기 때문이다. 많은 사람들과 마찬가지로 나는 언어가 부모자식이라는 관계 속에서 생겨난 것이라고 말할 것이다. 하지만 그것이 반대의견을 해결하지 못할 뿐만 아니라 자연 상태에 관해 추론하면서 사회 속에서 얻은 관념을 결부시켜 가족은 항상

---

33 콩디악 Etienne Bonnot De Condillac(1715-1780), 프랑스 계몽기의 감각론자. 카톨릭 교회의 신부였지만, 그 사상은 이와 대립하고 있다. 처음에는 로크의 사상에 경도되어, 이 입장에서 전(前)세기의 합리주의에 비판을 가하였지만, 감각과 반성의 병존(竝存)을 취한 로크의 이원론을 극복, 모든 정신 활동을 '변형된 감각'으로 귀착시키고자 하였으며 철저한 분석적 방법을 채용하여, 단순 요소로부터 모든 정신 활동의 합성을 생각한 감각 일원론을 주장했다.

같은 주거지에 모여 있는 것이라 생각하고, 또 그 구성원은 많은 공동 이해관계로 결합된 우리네 가족과 마찬가지로 친밀하고 영속적으로 결합되어 있다고 간주하는 잘못을 범하게 된다. 원시상태에서 사람들은 집이나 오두막 등 어떤 종류의 재산도 없이 각자 아무데서나 그리고 종종 단 하룻밤만을 보내곤 했다. 남자와 여자는 만나서 기회가 있는 대로 욕망이 시키는 대로 우연히 결합했으나, 그들이 서로 소통하는 데에 말은 그다지 필요하지 않았다. 그러고는 만날 때만큼 쉽게 헤어졌다.[34] 엄마는 우선 자신의 필요에 따라 아이에게 젖을 먹였다. 그러다가 습관에 의해 엄마는 아이를 소중히 여기게 되어 그 후에는 아이를 위해 양육했다. 아이는 자립할 수 있게 되자마자 지체 없이 엄마 곁을 떠났다. 그리고 다시 만나기 위해서는 서로 모습을 잊지 않는 것 외의 다른 방법이 없었으므로 그들은 마침내 서로 기억조차 못하게 되었다. 나아가 아이는 모든 욕구를 설명해야 하므로 엄마가 아이에게 할 말보다는 아이가 엄마에게 할 말이 더 많았다. 그러면 아이 자신이 언어를 발명하는 주도적 역할을 해야 하고 아이가 사용하는 언어는 상당부분 스스로 만든 언어가 된다. 그 결과 언어는 그 언어를 말하는 개인의 수만큼 늘어나고 거기에 어떤 특유의 어법도 무르익을 시간을 허용치 않는 방랑생활이 이를 더 조장한다. 왜냐하면 아이가 엄마에게 어떤 물건을 요구하기 위해 써야 할 말을 엄마가 아이에게 행동으로 가르친다 해도

---

34 160쪽 〈원주 12〉

그건 이미 형성된 언어를 어떻게 가르치는지 보여주는 것이지 언어가 어떻게 형성되는지를 알려주지는 않기 때문이다.

이 첫 번째 어려움이 극복되었다고 가정하자. 그리고 순수 자연 상태와 언어의 필요성 사이에 있음에 틀림없는 넓은 간격을 한순간에 뛰어넘는다고 가정해보자. 그리고 언어는 필요했다고 가정하면서[35] 어떻게 언어가 확립되기 시작했는지 알아보자. 이는 앞의 것보다 훨씬 더 새롭고 어려운 문제이다. 사람들이 생각하는 것을 배우기 위해 말이 필요했다면, 그들이 말의 기술을 찾아내기 위해서는 생각하는 능력이 더 필요했을 것이기 때문이다. 그리고 음성이 어떻게 우리의 관념을 대변하는 것으로 여겨졌는지 이해했어도 그 관념에 대한 관습을 대변하는 것이 무엇인지를 알아야 한다. 감성적인 대상을 갖고 있지 않은 관념은 몸짓으로도 음성으로도 지시되지 않기 때문이다. 그러므로 자기 생각을 전달하고 정신의 교류를 확립하는 기술의 탄생에 관해 겨우 지지할 만한 추측을 형성할 수 있을 따름이다. 게다가 이 숭고한 기술은 그 기원에서 이미 상당한 시간이 흘렀어도 철학자는 그것이 완성되려면 아직 엄청난 시간이 흘러야 한다고 보고 있어서, 비록 시간의 경과에 따라 필연적으로 생성되는 계절 변화가 정지되고 아카데미가 편견을 버리거나 침묵을 지켜도, 또 수 세기동안 계속 이 대상에 전념할 수 있어도 이 기술의 완성을 확신할 정도로 대담한 사람은 아무도 없다.

인간의 첫 언어, 가장 보편적이고 강력한 언어, 그리고 군중을 설득하기 전에 필요했던 유일한 언어는 자연의 외침이다. 이 외침은 절박한 경우나 큰 위험이 닥친 경우에는 도움을 혹은 극심한 고통을 느낄 때는 위안을 청하기 위해 일종의 본능에서 나온 것이다. 따라서 보다 절제된 감정이 지배하는 일상생활에서는 그다지 쓰이지 않았다. 인간의 관념이 확대되고 증가하기 시작했을 때, 그리고 그들 사이에 보다 긴밀한 의사소통이 확립될 때 그들은 보다 많은 기호와 보다 폭넓은 언어를 찾아 나섰다. 이를테면 그들은 음성의 어조 변화를 늘렸고 거기에 제스처를 덧붙였다. 제스처는 그 본성으로 봐서 한층 더 표현적일 뿐 아니라 뜻이 이전의 결정에 의존하는 정도가 덜하다. 그러므로 그들은 눈에 보이는 움직이는 대상을 제스처로 청각에 와 닿는 대상을 모방의 소리로 표현했다. 하지만 제스처는 눈앞의, 또는 묘사하기 쉬운 대상과 보이는 행위 외에는 거의 지시하지 않고, 또 어둠 속이나 물체에 차단되는 경우에는 소용없게 되므로 일반적으로는 쓰기 어렵다. 그리고 제스처는 주의를 환기하기보다는 주의를 요하므로 사람들은 마침내 음성의 분절화(음성을 음절로 구분지어 발음하는 일)로 제스처를 대체할 생각을 했다. 그 음성의 분절은 몇몇 관념에 대해 동일한 관계를 갖는 것은 아니지만 그런 관념을 정해진 기호로 나타내기에는 한층 더 적절한 것이다. 이러한 대체는 합의를 거쳐야 이루어질 수 있는 것이고, 아직 어떠한 훈련도 하지 못한 조야한 기관을 가진 사람들에게는 실행하기 꽤 어려운 방식, 그리고 그 자체로 훨씬 더 이해하기 힘든 방식이 아니면 불가능했던 것이다. 왜냐하면 이 같은 만장일치에는 동기가 있어야 했을 것이고, 파롤의 사용을 확립하기 위해서는 파롤이 대단히 필요했었던 것 같기 때문이다.

사람들이 사용한 최초의 단어는 그들의 정신 속에 이미 완성된 언어로 사용한 단어보다 훨씬 폭넓은 의미를 가지고 있었으며, 또한 말을 그 구성부분으로 나눌 줄 몰라서 그들은 우선 각각의 단어에 한 문장 전체의 의미를 담은 것이라고 판단해야 한다. 그들이 주어와 속사, 동사와 명사를 구별하기 시작했을 때 그것만으로도 평범하지 않은 재능의 노력이긴 했지만, 명사는 단지 고유명사일 따름이었고 동사원형은 동사의 유일한 시제였으며 형용사에 대해서는 상당한 어려움을 겪은 뒤 겨우 그 개념이 발달한 것임에 틀림없다. 왜냐하면 모든 형용사는 추상적인 말이며, 추상은 알기 어렵고 자연스럽지 못하기 때문이다.

각 사물은 우선 그 종류나 종(種)에 관계없이 특별한 이름을 받았다. 초기 창시자들이 그것을 구별할 능력이 없었기 때문이다. 그리고 모든 개체는 자연의 화면에서 그렇듯 그들의 마음에서는 고립된 것으로 나타났다. 어떤 떡갈나무는 A라고 부르고 또 다른 떡갈나무는 B라고 부르는 식이다. 따라서 지식이 한정될수록 사전은 점점 더 두꺼워진다. 이런 모든 명명법(命名法)의 불편함은 쉽게 제거될 수 없었다. 왜냐하면 갖가지 존재를 보편적이고 총칭적인 명칭 아래

배열하기 위해서는 그 존재의 속성과 차이를 알아야 하기 때문이다. 이를테면 그 시대 사람들이 가질 수 있는 관찰과 정의보다 훨씬 더 많은 자연사와 형이상학이 필요했다.

게다가 일반적인 관념은 말의 도움 없이는 정신에 도입될 수 없고 지적 능력은 명제에 의하지 않고는 일반적인 관념을 이해하지 못한다. 이는 동물이 이 같은 관념을 형성할 수도 없고 관념에 의존하는 자기 개선 가능성을 결코 획득할 수도 없는 이유 가운데 하나이다. 원숭이 한 마리가 조금도 주저하지 않고 이 호두나무에서 저 호두나무로 옮겨갈 때, 그가 이 종류의 열매에 대해 일반적인 관념을 가지고 있어 그 원형을 두 개의 개체와 비교하고 있는 것이라고 생각할 수 있을까? 확실히 그렇지는 않다. 호두나무를 보고 다른 호두나무에서 그가 받은 감각을 기억에 되살려 눈이 어느 정도 변용(變容)되어 그가 받아들이게 될 변화를 그의 미각에 알려줄 따름이다. 모든 일반적인 관념은 순수하게 지적이다. 거기에 조금이라도 상상력이 개입하면 관념은 곧 특별한 것이 된다. 나무에 대한 일반적인 이미지를 머릿속에 그려보라. 결코 그대들의 목표에 도달하지 못할 것이고 여러분의 의지와는 상관없이 크거나 작은 나무, 잎이 무성하거나 성긴 나무, 색이 짙거나 옅은 나무 등을 보게 될 것이다. 그리고 거기서 모든 나무에서 발견될 수 있는 것만을 보는 것이 여러분에게 달린 일이라면 그 이미지는 이미 어떤 한 그루의 나무와 비슷하지는 않을 것이다. 순수하게 추상적인 존재는 위와 똑같은 방식으로 보여지거나 말에 의해서만 생각될 수 있다. 삼각형의 정의만이 삼각형에 대한 진짜 관념을 준다. 여러분들이 하나의 삼각형을 마음속에 그리자마자 그것은 곧 하나의 특정한 삼각형이지 다른 삼각형은 아니고, 여러분은 그 감각적인 선을 뚜렷이 하거나 그 면에 색칠을 하지 않을 수 없다. 그러므로 일반적인 관념을 갖기 위해서는 명제로 표현하고 언어로 말해야 한다. 왜냐하면 상상력이 멈추자마자 정신은 단지 말의 도움으로만 움직이기 때문이다. 그러므로 초기 발명자들이 이미 그들이 가지고 있던 관념에만 명칭을 부여할 수 있었다면, 최초의 명사들은 단지 고유명사가 될 수밖에 없었다.

그러나 내가 미처 생각하지 못한 방법으로 우리의 새 문법학자들이 관념을 확대하고 그들의 단어를 일반화하기 시작했을 때 고안자들의 무지 때문에 이 방식은 아주 좁은 범위에 국한되지 않을 수 없었다. 처음에 종(種)과 류을 알지 못해서 개체의 이름을 너무 많이 만들었던 것처럼, 여러 존재들을 그 차이에 따라 고려하지 못해서 종과 류을 너무 적게 만들었다. 구분을 좀 더 세밀히 하기 위해 그들이 가질 수 있었던 것 이상의 경험과 지식이 필요했고 그들이 사용하고자 했던 것 이상의 연구와 일이 필요했다. 그런데 오늘날에도 지금까지 우리의 관찰에서 벗어나 있었던 새로운 종(種)이 매일 발견되고 있다면 사물을 얼핏 보고 판단했던 사람들의 눈이 얼마나 많은 종을 놓쳤던가를 생각해야 한다. 원시적인 강목(綱目)과 가장 일반적인 개념으로 말하자면 그 역시 그들이 놓쳐버렸음에 틀림없다는 것은 더 말할 나위도 없다. 예를 들면 물질, 정신, 실체, 양식, 형태, 운동과 같은 말을 그들이 어떻게 상상하고 이해했을까. 아주 오래전부터 이런 말을 사용하는 우리 철학자들이 이 단어들을 이해하는 데 많은 고충이 있었고, 또 그에 결부되는 개념은 단지 형이상학적이어서 그들은 자연 속에서 그 원형을 하나도 발견 못한 것이 아닐까?

나는 이 첫 몇 걸음에서 멈추고 심사위원들에게 읽기를 중단해 달라고 청한다. 그 이유는 언어 중에서 가장 고안하기 쉬운 부분, 단지 물질적인 명사만이 고안된 상태에서 언어에 남아있는 길을 생각해보기 위해서, 그리고 사람들의 생각을 완벽하게 표현하고 항구적인 형태를 취하고 대중적으로 말하여지며 사회에 영향을 주기 위해서다. 수[36]나 추상어나 부정과거[37](不定過去)나 동사의 모든 시제, 소사[38], 통사법을 발견하고, 명제나 추론을 연결하고, 이야기의 논리를 형성하기 위해서는 시간과 지식이 필요했다는 점을 생각해주기 바란다. 나로서는 어려움이 늘어나는 것에 두려움을 느끼고 언어는 단지 인간적인 수단에 의해 생겨날 수도 확립될 수도 없었음을 거의 확신을 갖고 증명함으로써, 이 어려운 문제의 논의는 그것을 시도하려는 이에게 넘기기로 한다. 이는 언어의 제정에 있어 이미 결합된

---

36 166쪽 〈원주 14〉

37 그리스어 동사시제로서 명확한 시점을 밝히지 않는 과거.

38 접사, 전치사, 접속사, 부정의 부사 따위.

사회가 필요한 것과 사회의 설립에 있어 이미 발명된 언어가 필요한 것, 어느 쪽이 보다 필요한 것인가 하는 문제다.

기원의 문제가 어떻든 상호간의 필요에 의해 사람들을 가깝게 하고 말의 사용을 쉽게 하기 위해 자연이 거의 신경 쓰지 않았다는 것을 통해서, 자연이 인간의 사회성을 준비하는 일이 얼마나 적었던 지, 그리고 인간이 사회적 인연을 맺기 위해 행한 모든 일에 자연은 거의 한 일이 없음을 알 수 있다. 실제로 원시상태에서 원숭이나 늑대가 동족을 필요로 하는 것보다 인간이 동족을 더 필요한 이유를 생각하기 어렵다. 또한 이 필요를 가정한다 해도 어떤 동기로 다른 이로 하여금 그런 필요를 느끼게 할 수 있을지, 심지어 그런 경우 어떻게 그들 사이에서 조건들을 받아들일 수 있을지 상상하기란 불가능하다. 이 상태에 있는 사람만큼 비참한 존재는 없을 것이라고 계속 되풀이해서 말하고 있다는 사실을 나는 알고 있다. 내가 증명했다고 믿고 있듯이 만일 인간이 수 세기가 지난 뒤에야 자연 상태에서 나가고 싶은 욕망과 기회를 가질 수 있었다는 일이 사실이라면 그것은 사람이 아니라 자연을 탓해야 할 일이다. 내가 '비참한'이라는 용어를 제대로 이해하고 있다면 그것은 아무 뜻도 없거나 고통스러운 결핍, 그리고 육체와 영혼의 고통만을 의미한다. 그런데 마음이 평화롭고 육체가 건강한 자유로운 존재의 불행은 어떤 것인지 누가 설명 좀 해 주면 좋겠다. 나는 사회생활과 자연생활 중 어느 쪽이 그것을 누리는 이들에게 보다 견디기 힘든 것인지 물어본다. 우리는 거의 주변에서 자기 삶을 불평하고 심지어 자기 삶을 포기하는 사람만을 보게 된다. 신과 인간의 법을 모아야 겨우 무질서를 멈추게 할 수 있다. 자유로운 미개인이 삶에 대해 불평하고 자살할 생각을 했다는 이야기를 들어본 적이 있는지 묻고 싶다. 그러니 좀 더 겸허하게 어느 쪽이 진짜 불행한지 판단하기 바란다. 반대로 지식에 현혹되고 정념으로 고통 받으며 자신과 다른 처지에 대해 추론하는 미개인만큼 불행한 것은 아무것도 없다. 미개인이 잠재적으로 가지고 있는 능력은 너무 빨라서 그에게 부담이 되거나 너무 늦어서 정작 필요할 때 쓸모없는 것이 되지 않게 하기 위해서 단지 그 능력을 발휘할 기회와 더불어서만 발전하는데, 이는 바로 아주 현명한 신의 섭리에 의한 것이었다. 인간은 자연 상태에서 생활하기 위해 필요한 것을 모두 본능 속에 갖추고 있었다. 그리고 사회에서 생활하는 데 필요한 것만을 연마된 이성 안에 가지고 있다.

우선 자연 상태에서 사람들은 어떠한 도덕 관계도, 알려진 의무도 없으므로 착할 수도 나쁠 수도 없었고 미덕도 악덕도 없었던 것처럼 보인다. 이 단어들을 자연 상태의 의미로 해석해서 개인에게 자기 보존에 해가 될 수 있는 자질을 악덕으로, 보존에 기여할 수 있는 것을 미덕으로 부르지만 않는다면 말이다. 그 경우에는 순수한 자연의 충동에 가장 거역하지 않는 사람을 가장 덕망 있는 이라 불러야 할 것이다. 하지만 그 단어의 일상적인 의미에서 멀어지지 않는다면 그 같은 상황에 대한 판단을 유보한 채 다음과 같은 사실을 가늠해볼 때까지는 우리의 편견을 경계하는 것이 적절하다. 이를테면 문명인에게는 악덕보다 미덕이 많은지, 그들의 미덕은 악덕이 해로운 것 이상으로 이로운지, 그들이 지식의 진보를 통해 상호간에 지켜야 할 선(善)을 알게 됨에 따라 상호간에 끼친 악을 충분히 보상할 수 있는지, 결국 보편적인 의존 관계에 굴복하여 그들에게 아무것도 줄 의무가 없는 사람들로부터 모든 것을 받아야 한다는 상태보다는, 누구에게든 악을 두려워하지도 선을 기대하지도 않는 편이 행복한 상태가 아닌지 등을 먼저 검토해야 할 것이다.

특히 홉스처럼 인간은 선(善)에 대해 아무런 관념도 갖고 있지 않으므로 본성적으로 사악하다든지, 미덕을 모르므로 사악하다든지, 자신들의 의무라고 생각하지 않는 봉사를 동포에게 항상 거부한다든지, 인간은 자신이 필요로 하는 것을 마땅히 자기 것이라 여기는 습성에 따라 자신이 전 우주의 유일한 소유자라 생각한다든지 하는 등의 결론을 내리지 않도록 하자. 홉스는 자연법에 대한 모든 근대적 정의의 결점을 아주 잘 파악했다. 그렇지만 그가 거기서 끌어낸 결론을 보면 그 역시 잘못된 방향으로 그 정의를 해석하고 있음을 알 수 있다. 그가 세운 원칙에 대해 추론하면서 홉스는 자연 상태에서 우리의 자기 보존 배려가 타인의 보존에 해를 가장 덜 끼치므로 이 상태가 평화에 가장 적합하고 인류에게 가장 어울린다고 말했어야 했다. 그런데 그는 미개인의 자기 보존 노력 가운데 사회에서 만들어지고 법률을 필요하게 만든 많은 감정을 만족시키고 싶다는 욕구를 까닭 없이 받아들인 결과 정반대의 사실을 말해버렸다. 그는 "악인이란 건장한 아이이다.[39]"라고 말한다. 이제 미개인이 건장한 아이인지 아닌지를 알아야 한다. 그렇다고 한다면 그는 어떤 결론을 내리게 될까? 그가 건장할 때도 다른 사람들에게 의존적이었던 만큼, 그가 약할 때는 하지 못할 일이 없을 정도일 것이라는 결론일까? 엄마가 젖을 너무 늦게 주면 엄마를 때리고 동생이 마음에 안 들면 동생의 목을 조르고 다른 사람과 부딪히거나 불편한 일이 있으면 그의 다리를 물어버릴 것이라고? 하지만 건장하고 의존적이라는 것은 자연 상태에 있는 인간의 두 가지 모순된 가정이다. 인간은 약할 때와 마찬가지로 튼튼할 때도 의존적이게 된다. 홉스는 우리 법률가들이 주장한 것처럼 미개인이 이성을 사용하지 못하는 똑같은 이유로 홉스 자신이 주장하듯 그들이 능력을 남용하지 못한다는 사실을 알지 못했다. 그래서 미개인은 착한 것이 무엇인지 모르기 때문에 별로 나쁘지 않다고 말할 수 있을 것이다. 미개인이 나쁜 행동을 못하게 하는 것은 지식의 발달도 법의 제어도 아닌 정념의 온화함과 악에 대한 무지이다. "악의 무지가 어떤 이에게 이익이 되는 것은 선의 지식이 다른 이에게 이익이 되는 것보다 유익하다.[40]"

---

39 홉스가 자연인의 비유에 사용한 유명한 말. 루소의 생각은 달랐다. 그는 《에밀》에서 "홉스가 악인은 건장한 아이라고 했을 때, 그는 완전히 모순된 말을 하고 있다. 악은 나약함에서 생긴다. 아이가 나빠지는 것은 그 아이가 약하기 때문이다. 튼튼하게 하면 선량해진다. 무엇이나 할 수 있는 자는 절대로 나쁜 일은 하지 않는다."라고 말하고 있다.
40 라틴어 원문. 유스티누스의 《역사》 제 2권 제 2장에 있는 구절. 그로티우스의 《전쟁과 평화의 법》제 2편 제 2장에서 인용.

게다가 홉스가 알아차리지 못한 또 다른 원칙이 있다. 그것은 몇몇 상황에서 가혹한 자존심이나 자기애가 생기기 전에 스스로를 지키려는 욕망을 완화시키기 위해 인간에게 주어졌던 것에서[41], 자신의 동족이 고통 받는 것을 보는 데 대한 선천적인 거부감으로 자신의 행복에 대한 열정을 조절하는 원리다. 나는 인간의 미덕을 아무리 극단적으로 비난한 사람이라도 인정할 수밖에 없는 유일한 자연적 미덕을 인간이 소유한다고 인정한다고 해서 어떤 모순을 두려워해야 한다고는 생각지 않는다. 나는 지금 우리처럼 약하며 질병에 취약한 존재에 알맞은 자질인 연민에 대해 이야기하고 있다. 이는 인간의 모든 성찰에 선행하는 만큼 한층 더 보편적이고, 또 그만큼 인간에게 유익한 미덕이다. 때로는 짐승조차도 그 징후를 나타낼 만큼 자연적인 것이다. 아이에 대한 엄마의 애정, 아이를 보호하기 위해 위험에 당당히 맞서는 엄마의 모습은 물론이고, 우리는 말이 살아 있는 생명체를 짓밟아야 할 때 가지는 반감을 매일 목격할 수 있다. 어떤 동물은 자기 동류의 시체 옆을 지나갈 때면 늘 불안을 느낀다. 심지어 일종의 묘지를 마련해주는 동물도 있다. 그리고 도살장으로 들어가는 가축의 슬픈 울음소리는 충격적이고 끔찍한 광경에서 받은 그의 인상을 말해준다. 인간이 연민을 느끼기 쉬운 존재라고 인정할 수밖에 없었던《벌의 우화》의 저자[42]가, 감금 상태에 있

---

41 168쪽 〈원주 15〉

42 멘더빌 : 네덜란드 태생의 영국 의사 · 사상가, 《벌의 우화》를 발표하여 자유로운 인간의 이기적인 활동이 공공의 복지를 증진한다는 자유주의적 경제사상을 주장하였다.

는 한 죄수의 비통한 모습을 나타내기 위해 냉정하고 치밀한 문체에서 벗어나는 것을 보고 사람들은 쾌감을 느낀다. 그 죄수는 한 마리의 야수가 아이를 엄마 품에서 끌어내어 살기어린 이빨로 연약한 아이의 사지를 으깨버리고 팔딱거리는 아이의 창자를 손톱으로 찢어발기는 것을 창살 밖으로 보았다. 자신과 아무런 개인적인 이해관계도 없는 사건의 목격자이긴 하지만 어찌 끔찍한 동요를 느끼지 않겠는가! 이 광경을 보고 정신을 잃은 어머니나 죽어가는 아이를 도와줄 수 없어서 그는 얼마나 고통스러울까?

이것이 모든 성찰 이전의 순수한 본성의 움직임이다. 이것은 아무리 타락한 풍속이라도 파괴하기 어려운 타고난 연민의 힘이다. 왜냐하면 원형극장에서 폭군의 위치에 앉으면 적에게 더 심한 고통을 주려는 이들이, 불운한 사람의 불행을 보고서는 슬퍼하고 눈물 흘리는 것을 보기 때문이다. 맨더빌은 만일 자연이 인간에게 이성을 뒷받침하는 연민을 주지 않았다면 인간은 모든 덕성을 가지고 있어도 괴물에 불과했으리라는 사실을 제대로 느끼고 있었다. 하지만 그는 인간이 사회적 미덕을 소유한다는 것을 거부해서, 사람들의 사회적인 모든 미덕이 이 유일한 특질에서 유래했음을 알지 못했다. 사실 관대함, 인자함, 인간애라는 것은 약자, 죄인 또는 인류 전반에게 적용된 연민의 정이 아니고 무엇인가? 호의와 우정 역시 잘 생각해 보면 특정한 대상에게 쏟은 변치 않는 연민의 산물이다. 왜냐하면 누군가 고통 받지 않기를 바라는 것은 그가 행복하기를 바라는 것과 뭐가 다를까? 연민이 우리를 고통 받는 사람 자리에 대입시켜보는 감정일 뿐이고, 미개인에게는 막연하지만 강렬하고 문명인에게는 발전되었지만 미약한 감정에 불과하다는 것이 진실이라면, 이와 같은 관념은 내가 말한 진실성에 약간의 힘을 더하는 것 이외에 무슨 뜻이 있을까? 사실 연민은 목격자인 동물이 고통 받는 동물과 내면 깊숙이 동화될수록 훨씬 더 강렬할 것이다. 그런데 이 같은 동화(同化)가 추론 상태보다는 자연 상태에 있는 편이 훨씬 더 깊다는 것은 분명하다. 자존심을 만들어내는 것은 이성이고 그것을 강화하는 것은 성찰이다. 이 성찰을 통해 인간은 스스로를 돌아보고, 자신을 거북하게 하고 괴롭히는 모든 것에서 벗어난다. 인간을 고립시키는 것은 철학이다. 그리고 고통 받는 사람을 보고서 "원한다면 죽어라, 나는 안전하다."라고 은밀히 말하는 것도 철학에 의해서이다. 사회 전체의 위험이 아니고는 철학자의 조용한 수면을 방해하고 그를 침대에서 끌어내릴 수 없다. 그의 창문 아래서 동포의 목을 베어도 벌 받지 않을 수 있다. 그는 단지 손으로 귀를 틀어막고 내면에서 꿈틀대는 본성이 피살자와 자신을 동일시하지 못하게 이치를 따져보기만 하면 된다. 미개인에게는 이런 놀라운 재주가 없다. 그리고 미개인은 지혜와 이성이 없어서 언제나 인류애라는 최초의 감정에 쉽게 빠져드는 것을 볼 수 있다. 폭동이나 거리에서 싸움이 일어났을 때 모여드는 것은 하층민뿐이다. 신중한 사람들은 슬쩍 자리를 피한다. 싸움하는 사람들을 떼어놓고 신사들이 멱살잡이를 하지 못하게 막아서는 이들은 하층민과 장터의 여인들이다.

그러므로 연민은 개개인에게 있어 자기애를 조절하여 종(種) 전체의 상호보존에 기여하는 타고난 감정임이 확실하다. 우리가 고통받는 사람들을 보게 되면 돕게 되는 것은 바로 연민 때문이다. 그리고 연민은 자연 상태에서 법, 풍습 그리고 미덕을 대신하고, 이 장점과 더불어 누구도 그 달콤한 목소리에 거역하려 하지 않는다. 또한 연민으로 인해 모든 건장한 미개인은 자기가 다른 곳에서 찾는 한이 있어도 연약한 아이나 병약한 노인에게서 그들이 힘들게 구한 물자를 빼앗지는 않을 것이다. 그리고 "다른 사람이 너에게 해주길 바라는 대로 다른 사람에게 행하라"라는 이성적 정의, 고상한 금언 대신, 모든 사람에게 "가능한 다른 사람에게 피해를 주지 말고 너의 행복을 구하라"[43]는 앞의 것보다 덜 완벽하지만 아마도 더 유용한 선천적인 선에 대한 또 다른 원칙의 영감을 준 것도 연민이다. 한마디로 나쁜 행동에 대해 모두가 느끼는 반감의 원인을 고상한 논증이나 교육상의 원칙에서보다는 이 타고난 감정에서 찾아야 한다. 비록 이성으로 덕망을 얻는 것이 소크라테스나 그와 비슷한 사람들의 몫일지 모르지만, 만일 인류의 보존이 인류를 구성하는 이들의 추론에만 달려 있다면 인류는 오래 전에 사라졌을 것이다. 무덤덤한 정념과 효율적인 자제력을 가진 사람들은 사악하기보다는 야성적이어서 타인에게 해를 끼치려는 마음보다 스스로를 악으로부터

---

43 〈마태복음〉 7장 12절, 〈누가복음〉 6장 31절 참조.

지키는 데 더 관심을 가지므로 아주 위험한 분쟁을 하려들지 않았다. 그들 사이에 어떤 교류도 없으므로, 허영도 배려도 경의도 경멸도 알지 못하고, 내 것과 네 것에 대한 최소한의 개념도 정의에 대한 그 어떤 진정한 관념도 없다. 폭력을 단죄해야 할 모욕이 아니라 고치기 쉬운 악행으로 여기며 사람들이 돌을 던지면 물어버리는 강아지처럼 기계적이거나 즉흥적인 경우가 아니라면 복수마저 생각하지 않아서, 그들의 다툼은 먹는 것과 같이 민감한 주제가 아니면 유혈사태로 이어지는 일이 드물었다. 하지만 나는 그 가운데 보다 위험한 것을 알고 있고 그에 관해 이야기할 것이다.

인간의 마음을 뒤흔드는 정념 가운데 서로 이성(異性)을 구하는 열정적이고 격렬한 정념이 있다. 이는 모든 위험을 무릅쓰고 모든 장애를 넘어서며 열광 상태에 이르면 본래 인류 보존을 위한 것이지만 인류를 파괴할 수도 있는 무서운 정념이다. 신중함도 조심성도 없이 절제되지 않고 난폭한 열정에 사로잡혀 피를 흘리더라도 매일 사랑 때문에 다툰다면 사람은 어떻게 될 것인가?

우선 정념이 격렬하면 격렬할수록 그것을 억제하기 위해 법이 더 필요하다는 사실을 인정해야 한다. 하지만 정념으로 인해 유발되는 무질서와 범죄들이 법의 불충분함을 꽤 잘 보여줄 뿐만 아니라, 더 나아가 이러한 무질서가 법 자체와 더불어 생겨난 것은 아닌지 검토하는 것이 좋을 것이다. 왜냐하면 법이 정념을 진정시킬 수 있을 때, 최소한 법이 없으면 존재하지 않았을 악을 멈추라고 요구하는 것이 옳을 것이다.

우선 사랑의 감정에서 정신적인 것과 육체적인 것을 구분하는 것으로 시작하자. 육체적인 것은 이성끼리 서로 맺어지게 하는 일반적인 욕구다. 정신적인 것은 이 욕구를 결정하고, 그것을 오로지 한 명에게만 고정시키거나 최소한 이 선호된 대상에게 더 큰 에너지를 주는 것이다. 그런데 사랑의 도덕이 부자연스러운 감정임은 쉽게 알 수 있다. 사회의 관습에서 생겨나고 여성이 자신의 제국을 확립하기 위해 아주 훌륭하고 정성스럽게 떠받드는 이 도덕은 복종해야 할 성을 지배하는 성으로 만든다. 이 감정은 미개인은 가질 수 없는 어떤 종류의 가치 또는 미의 관념, 미개인으로서는 도저히 불가능한 비교에 바탕을 두었으므로 그들에게는 거의 아무런 가치도 없을 것이다. 왜냐하면 미개인은 정신적으로 균형이나 비율과 같은 추상적인 관념을 만들어낼 수 없듯이, 감탄과 연애감정 또한 마음으로 받아들이지 못하기 때문이다. 그런 감정은 위에서 말한 관념의 적용에서 생겨나는 것이다. 미개인은 자신이 획득할 수 없는 취향이 아니라 자연으로부터 받은 기질의 소리에만 귀 기울여서 그에게는 여자이기만 하면 다 좋은 것이다.

사랑의 육체적인 면에만 한정되어, 감정을 자극하여 어려움을 배가시키는 사랑의 선택을 모를 만큼 충분히 행복한 사람들은 심한 애욕을 그렇게 자주 그리고 강하게 느낄 리도 없고 따라서 서로 다투는 일도 드물 것이며 그다지 잔혹하지도 않을 것이다. 우리를 그토록 사랑으로 번민하게 한 상상력은 미개인의 마음에는 아무 영향도 끼치지 않는다. 각자 평화롭게 자연의 충동을 기다리고, 분노보다는 기쁜 마음으로 선택의 여지없이 충동에 자신을 내맡긴다. 그리고 욕구가 충족되면 모든 욕망은 사라진다.

그러므로 다른 정념과 마찬가지로 사랑도, 인간을 그렇게나 자주 불행하게 만드는 격렬한 열정을 단지 사회 안에서 획득했다는 것은 명백하다. 그러므로 미개인을 가리켜 야수성을 만족시키기 위해 언제나 서로를 죽이고 있다고 표현하는 것은 경험과 반대되므로 더욱 우스꽝스러운 일이다. 현존하는 민족 중 자연 상태에 가장 가까운 카리브인[44]은 정념의 활동성을 더 자극할 만한 뜨거운 기후에서 살고 있지만 사랑에 있어 가장 평화롭고 질투에 사로잡히는 일이 드물기 때문에 그렇다고 말할 수 있다.

몇몇 종류의 동물 중 수컷은 늘 가금우리를 피로 물들이거나, 봄에 암컷을 두고 서로 다투느라 숲 속을 시끄럽게 하는데, 이러한 수컷의 싸움에서 이끌어낼 수 있는 추론으로 말하자면, 양성간의 상대적인 힘에서 자연이 우리 인간과 다른 관계를 확립한 모든 종을 배제시키는 것부터 시작해야 한다. 그래서 수탉들의 싸움을 통해 얻은 결론은 인류에게는 해당되지 않는다. 암컷과 수컷의 비율이 보다 잘 맞는 종에서 이런 싸움의 원인이 되는 것은 수컷 수에

---

44 콜럼버스가 서인도제도를 발견했을 때, 식인풍습이 있다고 알려진 민족. 오늘날의 카리브해가 이 민족의 이름에서 유래했다.

비해 암컷이 부족하다거나 암컷이 일정 기간 외에는 수컷의 접근을 계속 거절하는 경우뿐이다. 그리고 이 두 번째 원인도 첫 번째 원인에 귀착된다. 왜냐하면 예를 들어 어느 암컷이나 1년 중 두 달만 수컷을 받아들인다면 암컷의 수가 6분의 1에 불과하다는 것과 다름 없기 때문이다. 그런데 이 두 경우 모두 인류에게는 적용될 수 없다. 인류의 경우 일반적으로 여성의 수가 남성의 수보다 많고, 심지어 미개인들 가운데서도 다른 종의 암컷처럼 정열의 시기와 거절의 시기를 가진다는 것은 결코 관찰된 적이 없다. 그리고 몇몇 종은 모든 개체들이 동시에 흥분 상태에 접어들어 하나된 열정, 소요, 무질서 그리고 싸움의 끔찍한 순간이 찾아오는 경우가 있다. 이는 사랑이 결코 주기적이지 않은 인류에게는 결코 오지 않는 광경이다. 그러므로 암컷을 소유하기 위해 몇몇 동물이 벌이는 싸움에서 자연 상태의 인간에게도 같은 일이 일어날 것이라고 결론지을 수는 없다. 그리고 이러한 결론을 도출할 수 있을지라도 이 대립이 다른 종을 전혀 파괴하지 않으므로 최소한 그것이 우리 인류에게도 해롭지 않을 것이라고 생각됨에 틀림없다. 또 그런 싸움이 일으키는 손해는 사회 안에서보다 자연 상태에서 훨씬 적다는 것은 명백하다. 특히 풍속이 어느 정도 존중되어서 연인들의 질투와 남편들의 복수가 매일매일 결투, 살인 그리고 그보다 더 나쁜 일들을 야기하는 나라들에서 특히 그러하다. 이런 나라들에서 영원한 정절의 의무는 단지 간통한 사람들을 만드는 데 도움이 될 뿐, 정절과 명예에 관한 법률 자체가 방탕을 조장하고 낙태를 증가시킨다.

다음과 같이 결론을 내리자. 미개인은 기술도 언어도 집도 없고 전쟁도 하지 않고 동맹도 맺지 않고 동족을 필요로 하지도 해치려 하지도 않으며 심지어 동족 가운데 누구도 개인적으로 기억하는 일조차 없이 숲 속을 떠돌아다닌다. 그러므로 미개인은 정념에 사로잡히는 일이 많지 않고 스스로에게 만족하여 이 상태에 적합한 감정과 지식만을 지녔을 따름이다. 그는 자신의 참된 욕구만을 느꼈고 보고 싶은 것만을 봤다. 그리고 그의 지성은 허영심과 마찬가지로 진보하지 않았다. 혹시 우연히 그가 어떤 발견을 했다 해도, 자기 아이조차 알아보지 못하는 만큼 그 발견을 전달하기에는 어려움이 많았다. 기술은 발명자와 함께 사라지곤 했다. 교육도 진보도 없이 세대는 그저 이어져갔다. 언제나 각 세대는 같은 지점에서 출발하는데 초기의 상스러움 가운데 세월은 흘러갔고 종은 이미 늙었지만 인간은 여전히 아이상태에 머물러 있었다.

내가 이 같은 원시상태의 가정에 대해서 이처럼 길게 말한 것은 오래된 오류와 뿌리 깊은 편견을 깨뜨려야 하기 때문이며, 그러기 위해서는 뿌리까지 파고들어 우리 작가들이 불평등은 자연적인 것이라고 주장하는 현실성과 영향력이 이 상태와 얼마나 거리가 먼지 참된 자연 상태에서 찾아보아야 한다고 생각했기 때문이다.

사실 사람을 구별하는 차이들 가운데 몇 가지는 자연적인 것으로 보고 있으나, 그것은 단순히 습관과 사회 속에서 받아들여지는 온갖 생활 양식의 산물이라는 것을 쉽게 알 수 있다. 그러므로 강한 체질인지 약한 체질인지, 그리고 그에 따른 강함이나 약함은 근본적인 체격보다 교육방법이 엄한지 관대한지에 근거한다. 정신의 힘에 대해서도 마찬가지다. 교육은 교양인과 그렇지 않은 사람 사이의 차이를 둘 뿐 아니라 교양의 정도에 따라 교양인 사이에서의 차이를 더 크게 한다. 왜냐하면 거인과 난장이가 같은 길을 걷는다고 가정하면, 걸음을 내딛을 때마다 거인에게 득이 될 것이기 때문이다. 그런데 지금 사회의 여러 계층에 군림하는 다양한 교육과 생활 양식을 모두 같은 음식을 먹고 같은 방식으로 살며 정확히 같은 일을 하는 동물적이고 미개한 단순하고 획일적인 삶과 비교해보면, 사람들 사이의 차이가 자연 상태에서보다 사회에서 얼마나 더 큰지 그리고 제도의 불평등으로 인해 인류의 자연적인 불평등이 얼마나 더 커지게 되는지 알게 될 것이다.

하지만 자연이 선물을 나누어줄 때 사람들의 말처럼 편파적이었다 해도, 그들 사이에는 어떤 종류의 관계도 거의 인정하지 않는 상황에서 가장 혜택 받은 사람들이라 한들 다른 이들을 해치고 어떤 이득을 볼 수 있을까? 사랑이 없는 곳에서 아름다움이 무슨 소용일까? 말하지 않는 이들에게 재치가 무슨 소용이며 사건이 없는 이들에게 꾀가 무슨 소용일까? 나는 강자가 약자를 억압할 것이라고 되풀이하는 말을 듣곤 했다. 하지만 이 억압이라는 단어가 무슨 뜻인지 누가 내게 설명 좀 해주면 좋겠다. 강자는 난폭하게 지배할 것이고 약자는 강자의 갖은 변덕에 종속된 채 신음할 것이다. 이것이 바로 내가 우리 사회에서 보아 온 것이다. 하지만 심지어 종속과 지배가 무엇인지 이해시키기도 힘든 미개인에게 이것이 어떻게 적용될 수 있을지 모르겠다. 어떤 사람이 다른 사람이 따 놓은 과일, 그가 잡아놓은 사냥감, 그의 은신처인 동굴을 가로챌 수는 있을 것이다. 하지만 그가 어떻게 그 사람을 복종시키는 데 이를 것이며, 아무것도 소유하지 않은 사람들 사이에서 의존의 고리가 어떤 의미가 있을까? 누군가 나를 어떤 나무에서 쫓아내면 나는 그 나무를 떠나 다른 나무로 가면 그만이다. 어떤 곳에서 누군가 나를 괴롭힌다면 내가 다른 곳으로 간다 해서 누가 나를 방해할까? 자기가 유유자적하고 있는 동안 나에게 자기 식량을 마련하게 할 만큼 나보다 충분히 뛰어나고 게으르며 잔인한 사람이 있을까? 그는 내가 도망가거나 자신을 죽이기라도 할까 봐 한순간도 나를 시야에서 놓치지 않으려고, 끊임없이 신경 써, 자는 동안에도 나를 묶어 둘 결심을 해야 한다. 즉, 그는 자신이 피하려 하고 내게 주려 한 수고보다 훨씬 더 큰 수고를 자발적으로 할 수 밖에 없다. 그럼에도 불구하고 한 순간 그의 경계가 느슨해진다면? 예기치 못한 소리에 그가 고개를 돌린다면? 나는 숲 속으로 한창 뛰어가고 내 족쇄는 끊어지며 그는 생전에 나를 다시는 보지 못한다.

세부사항을 더 나열할 필요도 없이 종속관계란 상호의존과 서로를 결합시키는 필요에 의해서만 형성되므로, 한 사람을 다른 사람

없이는 살 수 없는 상태에 미리 놓아두지 않고서 그를 굴복시키는 것은 불가능하다는 사실을 알아야 한다. 이 상황은 자연 상태에서는 존재하지 않으므로, 자연 상태에서 개인은 속박으로부터 자유로우며, 아무리 강력한 자의 법률이라도 헛된 것이 되고 만다.

자연 상태에서는 불평등이 거의 감지되지 않고 그 영향력도 미미하다는 사실을 증명했으니, 이제 인간 정신의 지속적인 발전 가운데서 불평등의 기원과 진보를 보여 주어야 한다. 자연 상태의 인간이 잠재적으로 받아들인 '자기완성 능력', 사회적 미덕 그리고 다른 능력들이 결코 자가 발전할 수 없다는 것과, 그렇기 때문에 결코 생성될 수 없었고, 없으면 인간을 영원히 원시 상태에 머물게 만들 여러 가지 외적 요인들의 우연한 협력이 필요했다는 것은 이미 보여줬다. 이제는 인류를 타락시키면서 이성을 완성하고 인간을 사회적인 존재로 만들면서, 한 존재를 사악하게 만드는 갖가지 우연들을 고찰하고 비교해야만 한다. 그토록 먼 기점에서부터 인간과 세계를 지금 우리가 보고 있는 지점까지 이끌 수 있게 말이다.

고백컨대 내가 묘사해야 할 사건들이 여러 가지 방식으로 일어날 수 있으므로 단지 추측에 의해서만 선택을 결정할 수 있을 따름이다. 하지만 자연 상태의 사물의 본성에서 끌어낼 수 있는 가장 그럴듯한 추측이고 진실을 발견하는 데 있어 가질 수 있는 유일한 방법일 때, 이런 추측은 이유가 되는 것뿐만이 아니라 그렇다고 해서, 내 추측에서 추론하려는 결과가 추측에 의한 것은 전혀 아닌 것이다. 왜냐하면 내가 여기서 확립한 모든 원리에 입각하면 누가 만들어도 나의 것과 같은 결과와 같은 결론을 끌어낼 수밖에 없기 때문이다.

이렇게 하면 다음 몇 가지에 관해 내 성찰을 확대시키지 않아도 될 것이다. 첫째 얼마 안 되는 사건의 진실함이 시간의 경과에 의해 어떻게 보상받느냐 하는 것. 둘째 아무리 가벼운 원인도 쉼 없이 움직일 때는 놀라운 힘을 발휘한다는 것. 셋째 어떤 종의 가설은 한편에서 사실의 확실성을 줄 수는 없어도 다른 한편에서 그것을 파괴할 수는 없다는 것. 넷째 두 사실이 현실적으로 주어지고 그리고 미지의 또는 그렇게 여겨지고 있는 일련의 중간적 사실에 의해 연결되어야 할 때 그것은 역사의 몫이고, 역사가 없는 경우 그것을 연결시킬 수 있는 유사한 사실을 결정하는 것은 철학의 몫이라는 것. 마지막 다섯 째, 사건의 유사성으로 인해 사실을 사람들이 상상하는 것보다 훨씬 더 적게 분류하는 것 등이다. 이 사항들을 심사위원의 고려 대상으로 제공하면 나로서는 충분하다. 나는 일반 독자들이 그것을 고려할 필요가 없도록 노력한 것으로 충분하다.

제2부

어떤 지역에 울타리를 치고 "이 곳이 내 땅이다!"라고 선언하고, 사람들이 그 말을 믿을 만큼 단순하다는 것을 안 최초의 사람이, 시민 사회의 진정한 창설자였다. 울타리의 말뚝을 뽑아내고 개천을 메우며 "저 사기꾼 말은 듣지 마시오. 열매는 모두의 것이고 땅은 누구의 소유도 아니라는 것을 잊으면 여러분은 파멸합니다."라고 외치는 누군가 있다면, 그는 얼마나 많은 범죄, 전쟁, 살인, 가난 그리고 공포를 인류에게서 없애주었을까? 하지만 그때는 상황이 이미 예전처럼 지속될 수 없는 정도에 도달했던 것 같다. 왜냐하면 이 사유의 관념은 순차적으로 생길 수밖에 없었던 많은 선행 관념에 의존하고 있으며 인간 정신 속에 갑자기 형성된 것이 아니었기 때문이다. 자연 상태의 마지막 이 지점에 다다르기까지는, 인류가 상당히 많이 진보하고 기술과 지식을 많이 획득하여 그것을 세대에서 세대로 전달하고 늘려가야만 했다. 그러므로 좀 더 거슬러 올라가서 다시 들여다보고서 가장 자연적인 질서 안에서 천천히 이어진 사건과 지식들을 단 하나의 관점에서 모아보도록 하자.

인간의 첫 번째 감정은 자기 생존의 감정이었고 첫 번째 배려는 자기 보존의 배려였다. 땅의 산물은 그에게 필수적인 모든 도움을 제공했고 그는 본능에 따라 그것을 사용하게 되었다. 굶주림과 다른 욕구들로 인해 그는 다양한 생존 방법을 차례로 경험하게 되었고, 그 가운데 하나가 자기 종(種)을 영속시키게 하는 방법이었다. 그리고 마음으로부터 우러나는 감정이 없는 이런 맹목적 성향은 단지 순전히 동물적 행위만을 만들어냈다. 욕구가 충족되면 남녀는 서로를 더 이상 알아보지 못했고 아이들조차 어머니 없이 생활할 수 있게 되자마자 어머니와의 관계가 없어져 버렸다.

초기 인간의 상황은 이와 같았다. 이는 우선 순수한 감각에 국한되어 자연에서 어떤 것을 뽑아낼 생각을 않고 자연이 주는 선물을 겨우 이용하는 동물의 삶과 같았다. 하지만 곧 어려움이 나타났고, 그 어려움을 극복하는 방법을 터득해야 했다. 나무가 높아서 열매를 따기 어렵거나 다른 동물과 열매를 두고 경쟁해야 하거나 목숨을 노리는 난폭한 동물들이 나타나거나 해서 인간은 신체의 단련에 열중하게 되었다. 민첩해지고 빨리 달리고 싸움에 강해질 필요가 있었다. 그는 곧 나뭇가지나 돌멩이 같은 자연의 무기를 손에 쥐게 되었다. 그는 자연의 장애물을 뛰어 넘고 필요한 경우 동물을 무찌르고 다른 사람들과 자신의 생존을 다투거나 강자에게 양보해야 했던 것을 다른 데서 보충하는 법을 배웠다.

인류가 증가하면서 인간과 함께 고통이 증가되었다. 토지, 토양 기후, 계절의 차이 등으로 인해 생활 양식의 차이가 생긴 것인지도 모른다. 흉년, 길고 혹독한 겨울, 모든 것을 태워버리는 타는 듯한 여름 등은 그들에게 새로운 방법(근면성)을 요구했다. 바닷가나 강가에 사는 이들은 낚싯줄과 낚시 바늘을 발명했고 어부가 되거나 생선을 즐겨먹게 되었다. 숲 속에 사는 이들은 활과 화살을 만들어냈고 사냥꾼이나 전사가 되었다. 추운 지방 사람들은 사냥한 동물 가죽을 몸에 둘렀다. 벼락, 화산 혹은 어떤 행운에 의해 그들은 겨울의 혹독함에 맞설 새로운 자원인 불을 알게 되었다. 그들은 이 불을 지키고 재생산하여 예전에는 날것으로 먹던 고기를 불에 익혀 먹는 법을 배우게 되었다.

자기 자신을 위해 그리고 서로를 위해 다양한 존재를 반복 적용함으로써 인간의 마음에는 몇 가지 관계에 대한 지각이 자연스레 생겨나게 되었다. '크다', '작다', '강하다', '약하다', '빠르다', '느리다', '겁이 많다', '대담하다' 등의 단어들과 필요에 따라 거의 생각 없이 비교되는 다른 유사 개념으로 우리가 표현하는 이 관계들은 마침내 어떤 종류의 성찰을, 혹은 오히려 자신의 안전에 가장 필요한 주의를 나타내는 기계적인 신중함을 만들어냈다.

이 같은 발전의 결과로 얻게 된 새로운 지식은 다른 동물에 대한 인간의 우월성을 자각시켜 줌으로써 그 우월성을 증대시켜 갔다. 인간은 동물에게 함정을 드리우고 갖가지 방법으로 동물을 속였다.

비록 몇몇 동물이 인간보다 싸움을 잘하거나 더 빨리 달린다 해도 인간은 시간이 지나면서 도움이 되는 동물에게는 주인이 되고 해를 끼칠 수 있는 동물에 대해서는 위험한 존재가 되었다. 이렇게 해서 인간이 스스로에게 보내는 첫 번째 시선에서 자존심이 생겨났다. 또 제대로 서열을 구분할 줄 모르면서 자기 종(種)을 1위에 있다고 생각했고 일찍부터 개인으로서도 그 지위를 요구했다.

비록 초기 인간이 동포에 대해 현재 우리와 같은 비중을 두지 않고, 다른 동물들만큼이나 동포와 거의 교류를 하지 않을지라도 그들을 관찰하는 것을 잊지는 않았다. 시간이 지나면서 그들 사이나 여성과 그 자신 사이에 인간이 아직 모르고 있었던 일치점이 있다는 것을 알아차렸다. 그 일치점 덕분에 그는 자신이 알아차리지 못한 유사성에 대해 판단했으며 그들 모두가 비슷한 상황에서 자기처럼 행동하는 것을 보고서 그들이 생각하고 느끼는 방식이 자신과 완벽하게 일치했다고 결론 내렸다. 그리고 그의 정신 속에 견고하게 확립된 이 중요한 진실이 논리만큼 확실하고 그보다 더 신속한 예감에 의해 최선의 행동 규범을 따라 갔다.

경험을 통해 인간 행위의 유일한 동기가 참살이에 대한 사랑임을 알게 되자, 인간은 흔치는 않지만 공통의 이해관계로 인해 동족의 도움에 의지해야 하는 경우와, 경쟁으로 인해 동족과 맞서 싸워야 하는 더 흔치않은 경우를 구분할 수 있게 되었다. 첫 번째 경우 그는 동족과 무리로 합쳐지거나 최소한 일종의 자유로운 협동에 따라 결합했다. 협동은 아무도 구속하지 않고 협동을 만들어 낸 일시적인 욕구가 존재하고 있는 동안에만 지속했다. 두 번째 경우, 각자는 할 수 있다고 생각되면 힘으로, 때로는 자기가 약하다고 느끼면 꾀와 지략으로 자신의 이익을 얻으려고 애썼다.

이렇게 사람들은 상호간의 약속의 대략적인 개념과 그것을 이행할 때의 이점을 서서히 획득할 수 있었다. 하지만 이는 단지 현재의 민감한 이해관계가 요구하는 만큼의 수준에 머물렀다. 왜냐하면 인간에게 예측은 없었고, 먼 미래에 관심을 갖기는커녕 심지어 그 다음 날도 생각하지 못했기 때문이다. 사슴을 잡으려고 할 때는 각자 자기 자리를 충실히 지켜야 한다고 느끼고 있었다. 하지만 산토끼가 그들 가운데 한 명의 손이 닿는 곳으로 지나간다면 그는 양심의 가책 없이 토끼를 쫓아가 잡을 것이 확실하다. 그리고 사냥감을 잡은 후에도 자기 때문에 동료가 사슴을 놓친 것에 대해 전혀 개의치 않았다.

이 정도의 교류라면 거의 비슷하게 모여 사는 까마귀나 원숭이보다 더 세련된 언어도 필요하지 않았을 것이다. 조음되지 않은 비명, 많은 제스처 그리고 몇 가지 모방음이 오랫동안 보편적인 언어를 이루고 있었음에 틀림없다. 거기다 이미 말한 것처럼 어느 지방에서 어떻게 정해졌는지 설명하기 어려운 몇 가지 관습적인 음이 덧붙여진다. 오늘날에도 다양한 미개국이 거의 그러하듯 조잡하고 불완전하지만 특정한 언어가 있었다. 나는 시간에 쫓기고 말할 거리는 방대하며 시작 부분이 감지할 수 없을 정도로 진행되어 어쩔 수 없이 수 세기를 쏜살같이 스쳐갔다. 왜냐하면 사건이 느리게 펼쳐질수록 그 묘사는 빨라지기 때문이다.

이러한 초기의 진보 덕분에 인간은 빨리 진보했다. 정신이 계몽되면서 기능이 점점 더 개량되었다. 사람들은 곧 나무 아래서 자거나 동굴 속에서 살지 않게 되고 몇 가지 종류의 단단하면서도 예리한 돌도끼를 발견했다. 돌도끼는 나무를 자르거나 땅을 파고, 나뭇가지로 오두막집을 만드는 데 사용되었다. 뒤이어 오두막집에 점토와 진흙을 바를 생각을 하게 되었다. 이는 바로 가정의 확립과 구별을 형성하고 일종의 소유개념을 끌어들인 최초의 혁명시대였다. 아마도 여기서부터 이미 많은 논쟁과 싸움이 시작되었을 것이다. 그렇지만 최초로 주거지를 마련하고 그것을 지켜낼 수 있다고 느낀 것은 가장 힘센 자였음이 분명하므로 약자는 강자를 몰아내려하기 보다는 모방하는 것이 더 간단하고 안전하다고 생각했을 것이다. 그리고 이미 오두막집을 갖고 있던 이들은 아무도 이웃의 오두막집을 차지하려는 생각을 하지 않았을 것이다. 집이 자기 것이 아니어서가 아니라 자기에게 필요가 없고 그 집을 차지하기 위해서는 집을 소유한 가족과 치열하게 싸워야 하기 때문이었다.

초기의 마음의 발달은 공동 거주지 안에 남편과 아내, 부모와 자녀를 모아놓은 새로운 상황의 결과였다. 함께 사는 습관 덕분에 부부간의 사랑과 부모의 사랑 같은 인간이 알고 있는 가장 감미로운 감정이 생겨났다. 각 가정은 상호 애착과 자유가 유일한 관계였으므로 훨씬 더 결합된 작은 사회가 되었다. 그리고 양성의 생활 양식 속에 처음으로 차이가 확립된 것이 이때였는데, 이때까지는 양성의 차이는 단 하나밖에 없었다. 여성은 집에 있는 시간이 더 많아졌고 집과 아이들을 돌보는 데 익숙해졌다. 반면 남성은 공동의 생계를 위해 필요한 것을 찾으러 다니곤 했다. 그리고 남성과 여성은 지금까지보다는 용맹과 원기를 잃어가서 약간 유약한 삶을 살기 시작했다. 그러나 개인이 야수와 맞서 싸우는 것은 전보다 못해졌는지 모르지만 야수에 저항하기 위해 함께 저항하는 것은 더 쉬웠다.

이 새로운 상태에서 검소하고 고독한 생활, 아주 제한된 욕구, 그리고 그 욕구를 채우기 위해 그들이 만들어낸 도구 등과 더불어 사람들은 곧 많은 여가를 누렸다. 따라서 그들은 선조가 몰랐던 많은 종류의 편익을 마련하는 데 그 여가를 사용했다. 그리고 그것이 그들이 생각지도 못한 채 스스로에게 부과한 최초의 멍에였고, 후손들에게 준비해준 최초의 불행의 원천이었다. 왜냐하면 그들이 이렇게 하여 점점 몸과 마음을 나약하게 만들어갔을 뿐만 아니라, 즐거움은 습관이 되어버리고 그러면서 즐거움은 거의 사라졌다. 그리고 원래의 즐거움은 진짜 욕구로 변질되어, 즐거움이 없으면 있을 때의 달콤함보다 훨씬 더 비참하게 느껴졌고, 가진다고 해서 행복하지는 않지만 없으면 불행해했다.

여기서는 각 가족의 내부에서 어떻게 무의식중에 말의 쓰임이 확립되어 완성되었는지를 전보다 조금 더 잘 관찰할 수 있다. 그리고 다양하고 특별한 원인이 어떻게 언어를 점점 더 필요한 것으로 만들면서 언어의 발전을 가속화시킬 수 있었는지 더 추측할 수도 있다. 대홍수와 지진으로 거주 지역이 바다나 절벽에 둘러싸였다. 지각변동으로 인해 대륙의 일정부분이 섬으로 떨어져 나가고 잘려졌다. 대륙의 숲 속을 자유로이 방황하는 사람들보다 오히려 이렇게 섬 안에서 함께 생활해야만 했던 사람들 사이에 하나의 공동체 고유어가 형성되었으리라는 것은 쉽게 짐작할 수 있다. 따라서 섬 주민이 첫 항해를 시도한 뒤 언어 사용 방법을 전한 것은 아주 그럴듯한 일이다. 그리고 최소한 사회와 언어가 섬 안에서 탄생했고, 대륙에 알려지기 전에 그곳에서 완성되었던 일은 사실인 것 같다.

모든 것이 변화하기 시작한다. 지금까지 숲 속을 방황하던 사람들이 보다 안전한 자리를 확보하고 천천히 가까워지고 다양한 무리로 모여들게 된다. 그리하여 그들은 마침내 규칙과 법에 의해서가 아니라 같은 생활 양식과 음식에 의해, 그리고 공통된 기후의 영향에 의해, 풍속과 특색으로 하나가 된 개별 국가를 각 지역에 이루게 된다. 계속 이웃을 이루고 있는 상태가 되니 마침내 각기 다른 가족 사이에서 어떤 관계가 형성된다. 젊은 남녀가 이웃에 살게 되고 본성에 의한 일시적인 관계가 곧 상호간의 잦은 교류에 의해 달콤하고 더 오래 지속되는 관계로 바뀐다. 사람들은 다른 사물을 바라보고 비교하는 데 익숙해진다. 그리고 선호의 감정을 만들어내는 가치와 미의 개념을 조금씩 획득하게 된다. 서로 만나왔기 때문에 더 이상 계속 만나지 않고는 살 수가 없다. 부드럽고 달콤한 감정이 마음속에 생기고 조금만 대립해도 맹렬한 분노가 생긴다. 사랑과 더불어 질투가 생겨난다. 불화가 지배하면 아무리 달콤한 정념이라도 인간의 피에 희생된다.

관념과 감정이 잇달아 생겨나 정신과 마음이 훈련됨에 따라, 인류는 길들여지기 시작하고 결합은 확대되며 관계는 더 긴밀해진다. 사람들은 집 앞이나 큰 나무 주위로 모이는 데 익숙해졌다. 사랑과 여가의 참된 결실인 춤과 노래는 무리지어 한가한 남녀의 즐거움 혹은 오히려 일이 되었다. 각자 타인에게 주목하고 자신도 주목받기를 원하기 시작했고, 공적인 높은 평가가 가치를 지니게 되었다. 가무(歌舞)에 최고로 능한 사람, 가장 아름다운 사람, 가장 강한 사람, 가장 솜씨 좋은 사람, 혹은 가장 언변 좋은 사람이 가장 존경받았다. 그리고 이것이 불평등을 향한 그리고 동시에 악을 향한 첫걸음이었다. 이 최초의 선택으로 한쪽에는 허영과 경멸이 다른 한쪽에는 수치와 시기심이 생겨났다. 그리고 이 새로운 효모로 인한 발효는 마침내 행복과 천진함에 치명적인 혼합물을 만들어냈다.

사람들이 서로를 높이 평가하기 시작하고 존경이라는 개념이 마음에 형성되자마자 각자 그 권리를 주장했고 이유 없이 그 권리를 누리지 못한다는 것은 누구에게도 견딜 수 없는 일이 되었다. 거기서부터 심지어 미개인 가운데서도 최초의 예절의 의무가 유래했고 그때부터 모든 고의적인 잘못은 모욕이 되었다. 왜냐하면 모욕당한 자는 종종 나쁜 행위 자체보다 더 견딜 수 없는 그의 인격에 대한 경멸을 보았기 때문이다. 그래서 각자는 자신에 대한 경멸을 스스로의 기준에 따라 응징했으므로 복수는 맹렬해지고 사람들은 피 흘리는 일을 좋아하게 되고 잔혹해졌다. 이것이 우리에게 알려진 대부분의 미개인이 도달해 있던 단계인 것이다. 그리고 관념을 충분히 구별하지 못하고 미개인이 최초의 자연 상태에서 얼마나 멀리 떨어져 있는지 주의하지 못한 까닭에 인간은 원래 잔인하고 그 잔인함을 완화시키기 위해 단속이 필요하다고 서둘러 결론 내린 이들이 여럿 있었다. 그런데 사실 원시 상태의 인간만큼 온순한 존재는 어디에도 없다. 야만인의 우매함과 문명인의 불행한 지식으로부터 똑같은 거리만큼 떨어진 지점에서 본능과 이성에 의해 자신을 위협하는 악으로부터 자신을 보호하는 데 그친 인간은, 타고난 연민으로 인해서 심지어 해를 당한 이후에도 어떤 것에도 휩쓸리지 않고 누구에게도 해를 가하지 않았다. 왜냐하면 현자 로크의 격언에 의하면 "소유가 없는 곳에 모욕은 있을 수 없기"[45]때문이다.

하지만 사회가 시작되고 사람들 사이에 관계가 확립되면 그들 안에서 그 원초적인 구조의 성격을 띠는 특질과는 다른 특질이 요구된다는 것을 주목해야 한다. 그리고 도덕이 인간의 행위 속에 도입되기 시작하고 법 이전에 각자 자신이 받은 모욕의 유일한 심판

---

45 로크 《인간 지성론》 4편 3장 18절 참조.

이자 복수하는 사람이었으므로, 순수한 자연 상태에 어울리는 선은 신생 사회에 더 이상 적합하지 않게 되었다는 사실도 주목해야 한다. 그리고 공격할 기회가 더 잦아짐에 따라 처벌이 더 가혹해질 수밖에 없었다는 것 그리고 그것이 복수에 대한 공포가 법률의 제어를 대신했다는 것을 주목해야 한다. 이렇게 해서 비록 사람들의 인내심이 줄어들고 타고난 연민이 이미 어느 정도 변질되었다 할지라도, 원시 상태의 무기력과 우리 자존심의 활기찬 활동의 정중앙에 자리 잡은 인간 능력의 발달 시기는 가장 행복하고 가장 견고한 시대였음에 틀림없다. 이 상태에 대해 생각하면 할수록 더 다음과 같이 생각하게 된다. 즉, 이 상태가 혁명에는 가장 부적합하지만 인간에게는 최선이라는 것,[46] 그리고 그 상태에서 벗어난 것은 공익을 위해서는 결코 발생해서는 안 되는 어떤 불행한 우연에 의해서였을 뿐이라는 것이다. 거의 대부분 이 단계에서 발견된 미개인의 예를 통해 다음과 같은 사실이 확인되는 것 같다. 첫째 인류는 이 상태에 영원히 머물도록 만들어져 있다는 것. 둘째 이 상태는 세상의 청년기라는 것. 그리고 셋째 이후의 모든 진보는 표면상 개인의 완성을 향하고 있지만 실제로는 종(種)의 쇠퇴를 향한 발걸음이었다는 것이다.

사람들이 투박한 집에 만족하고 가시나 물고기 뼈로 가죽 옷을 꿰매고 깃털과 조개껍질로 치장하고 몸에 갖가지 색칠을 하며 활과

---

46 169쪽 〈원주 16〉

화살을 만들거나 칠하고 날카로운 돌로 고깃배나 조잡한 악기를 만드는 것으로 그치는 한, 한마디로 그들이 혼자 만들 수 있는 작품에 그리고 여러 사람의 경쟁이 필요 없는 기술에만 전념하는 한, 그들은 본성적으로 가능한 만큼 자유롭고 신성하고 착하며 행복하게 살았고 독립적인 교류의 감미로움을 그들 안에서 계속 즐기며 살았다. 하지만 사람이 다른 사람의 도움을 필요로 하고 한 사람이 두 사람 몫의 식량을 가지는 것이 유익하다는 것을 알게 되는 순간 바로 평등은 사라지고 사유의 개념이 도입되고 일은 꼭 필요한 것이 되며 드넓은 숲은 인간의 땀으로 물을 줘야 하는 우스꽝스러운 들판으로 변했다. 그리고 그 들판에서 곧 노예제도와 빈곤이 싹텄고 수확과 더불어 더 커져갔다.

야금술과 농업의 발명이 이 커다란 혁명을 만들어낸 기술이었다. 인간을 문명화하고 인류를 타락시킨 것이 시인에게는 금과 은이고 철학자에게는 철과 밀이다. 또한 그 때문에 여전히 미개 상태에 머물러 있는 미국 미개인에게 야금술과 농업은 알려져 있지 않았다. 두 가지 기술 가운데 한 가지만 가지고 있던 다른 민족들도 야만 상태로 머물러 있었던 것 같다. 그리고 유럽이 다른 대륙보다 좀 더 일찍은 아니더라도 적어도 보다 항구적으로 그리고 보다 문명화가 잘된 가장 적합한 이유들 가운데 하나는 유럽이 철과 밀이 동시에 풍부하다는 점이다.

인간이 어떻게 철을 알고 사용하기에 이르렀는지는 추측하기 아주 어렵다. 왜냐하면 사람들 스스로 광산에서 철광석을 캐내서 결과물이 어떤 것인지 알기 이전에 철광석을 녹이기 위해 필요한 준비과정을 거칠 생각을 했으리라고는 믿기 어렵기 때문이다. 또 광산은 오직 건조하고 풀과 나무가 없는 곳에서만 형성되는 만큼 어떤 우연한 화재 덕분이라고 말하는 것은 더더욱 말이 안 된다. 따라서 마치 자연이 운명적인 비밀을 우리에게 숨기려고 미리 배려했던 것만 같다. 그러므로 이제 용해된 금속 물질을 내뿜어서 관찰자에게 이러한 자연 작용을 모방할 생각을 주게 될 화산 분출만이 남는다. 그런데 이 또한 그만큼 힘든 일을 시도하고 결과에서 끌어낼 수 있는 이익을 멀리 내다볼 정도로 그들이 용기와 예지력을 지녔다고 전제해야 한다. 이와 같은 일은 그들보다 이미 더 숙련된 정신에만 부합되는 것이다.

농업의 경우는 실행방법이 확립되기 오래 전에 그 원칙이 알려져 있었다. 그리고 사람들은 나무나 풀에서 계속 생활에 필요한 물자를 끌어내고 있었으므로 자연이 식물의 번식을 위해 쓰는 방법에 대한 관념을 꽤 일찍부터 갖고 있었을 것이다. 그러나 그들의 생산 기술은 훨씬 뒤늦게 발달했을 것이다. 왜냐하면 사냥, 낚시와 함께 그들의 양식을 제공한 나무들이 그들의 손길을 필요치 않았거나 밀의 용도를 알지 못해서 혹은 경작 도구가 없어서 또는 미래의 필요성을 예견하지 못해서가 아니면 다른 사람들이 그들의 노동의 결실을 차지하는 것을 막을 방법이 없어서였기 때문이다. 보다 솜씨가 좋아진 사람들은 밀의 조리법을 알게 되고, 또 대량 재배에 필요한 도구를 갖기 훨씬 이전에 뾰족한 돌과 날카로운 막대기로 오두막 주변에 몇 가지 채소나 뿌리식물들을 재배하기 시작했다고 생각할 수 있다. 그리고 이는 내가 말했듯이 저녁에 필요한 것을 아침에 생각하기 어려운 미개인의 정신 활동과는 비교할 수 없는 준비성이다.

그러므로 인류를 농업 기술에 전념시키기 위해 다른 기술의 발명이 필요했다. 쇠를 녹이고 담금질하기 위해 사람의 손이 필요하게 되면, 곧 그 사람들을 먹이기 위한 다른 사람들이 필요했다. 노동자 수가 많아질수록 공동식량의 공급을 위한 손은 더 줄어들었다. 식량을 소비하는 입이 줄어든 것도 아닌데 말이다. 그리고 어떤 이들에게는 철 대신 식료품이 필요했고 또 다른 이들은 식료품 증산에 철을 사용하는 비밀을 알아냈다. 거기서부터 한쪽에서는 노동과 농업이 생겨났고 다른 쪽에서는 금속을 가공하고 그 사용을 늘리는 기술이 생겨났다.

토지 경작의 필연적인 결과로 토지 배분이 따랐고, 일단 소유권이 인정되자 최초의 사법권(정의)의 규칙들이 뒤따랐다. 각자의 몫을 주기 위해서는 어떤 것을 갖고 있어야 한다. 게다가 사람들이 미래로 시선을 돌리기 시작하여 모든 사람이 잃을 염려가 있는 어느 정도의 재산을 가지고 있다는 것을 깨닫자, 자기가 타인에게 행할지 모르는 잘못에 대한 복수를 자기가 혹시 당하지 않을까 걱정하게 되었다. 노동 이외의 다른 곳에서 사유의 개념을 생각하기가 불가능한 만큼 이 기원은 더 자연스럽다. 왜냐하면 자기가 만들지 않은 것을 내 것으로 하기 위해 인간은 자기 노동 이상의 어떤 것을 더할 수 있는지 모르기 때문이다. 자신이 애써 일군 땅의 산물에 대해 경작자에게 권리를 주므로 결과적으로 내용물에 대해 그에게 권리를 주는 것은 노동뿐이다. 이런 일이 계속적인 점유를 만들어내고 쉽게 사유권으로 변한다. 그로티우스[47]에 의하면 고대인들이 케레스[48]에게 입법자라는 호칭을 주고 그 명예를 기리는 축제를 테스모폴리아[49]라고 호명했을 때, 그들은 이를 통해 토지의 분배가 새로운 종류의 권리를 만들어냈음을 의미하도록 했다. 즉, 자연법에서 비롯된 권리와는 다른 사유권을 말한다.

사람들의 재능이 똑같다면 그리고 이를테면 철의 사용과 식료품의 소비가 언제나 정확한 균형을 이루었다면 이 상태에서 사물은 평등한 채로 머물 수 있었을 것이다. 하지만 이 균형은 어떤 것에 의해서도 유지되지 않았으므로 곧 깨졌다. 강한 자는 보다 많은 일을 하고 재치 있는 자는 자기 일을 가장 잘 이용했다. 창의력 있는 자는 일을 줄이는 방법을 발견했다. 농민은 쇠에 대한 수요를 늘렸고, 대장장이는 밀에 대한 수요를 늘렸다. 그리고 똑같이 일하면서 어떤 사람은 겨우 생활할 정도로 버는 반면 어떤 사람은 많이 벌었다.

---

47 네덜란드의 법학자 · 학자. 그의 법률대작인 《전쟁과 평화의 법 De Jure Belli ac Pacis》(1625)은 근대 국제법에 최초로 큰 영향을 끼쳤다.
48 그리스 신화 데메테르의 로마 이름. 농업 법률의 여신.
49 그리스어. 케레스를 모시는 고대 그리스인의 제전.

이렇게 해서 자연적인 불평등은 사회적 결합에 의한 불평등과 함께 서서히 전개되어 환경의 차이에 의해 증대시킨 사람들의 차이는 그 성과면에서 더 두드러지고 오래 지속되어, 같은 비율로 개인의 운명에 영향을 미치기 시작한다.

상황이 이 단계에 이르면 나머지는 상상하기 쉽다. 나는 다른 기술의 연이은 발명, 언어의 발전, 재능의 시련과 용도, 부의 불평등, 부의 사용이나 남용, 이들에 뒤따르고 누구나 쉽게 대신할 수 있는 모든 세부사항을 구구절절 말하지는 않을 것이다. 다만 이렇듯 새로운 사물의 질서에 놓인 인류를 훑어보는 것으로 그칠 것이다.

드디어 우리의 모든 능력은 발전하고, 기억력과 상상력은 움직이기 시작하고, 자존심은 이해관계에 눈뜨고, 이성은 활발해지며 정신은 가능한 한 완성의 극점에 다다랐다. 자 이제 모든 선천적 성품이 활동을 시작하고, 각 개인의 서열과 운명은 확립된다. 재산의 양과 사람들에게 도움이 되거나 해가 되는 능력과 관련해서뿐만 아니라, 정신이나 외모나 체격 또는 재치와 관련해서 그리고 장점이나 재능과 관련해서도 서열과 운명이 확립되는 것이다. 그리고 이러한 자질이 존경을 끌어낼 수 있는 유일한 자질이므로 곧 그것을 가지거나 가진 체해야 했고 자신의 이익을 위해 실제 모습과는 다른 모습을 보여줘야 했다. 존재와 외면은 완전히 다른 두 가지가 되었고 이 같은 구별에서 막대한 사치, 기만적인 책략 그리고 그에 수반되는 모든 악덕이 유래했다. 다른 측면에서 예전에는 자유롭고 독립적이었던 인간이 이제 수많은 새로운 필요에 의해 말하자면 모든 자연에 그리고 특히 그를 노예로 만든 동족에게 심지어 그 동족의 주인이 되어서도 그에게 예속되어 있다. 부자는 동포의 봉사를 필요로 하고 가난하면 원조가 필요하며 중간층 역시 동족 없이 지낼 수 없다. 그 러므로 그는 끊임없이 동족으로 하여금 자기 운명에 관심을 가지게 하고 사실이든 외양이든 자신의 이익을 위해 일하는 데서 그들의 이익을 찾게 해야 한다. 이는 그를 어떤 이에게는 간교하고 교활하게 다른 이에게는 강압적이고 가혹하게 만드는 것 그리고 그가 스스로를 두려워하게 할 수 없을 때, 그리고 다른 이에게 유익하게 봉사해도 거기에서 제 이익을 찾을 수 없을 때, 그는 자신이 필요로 하는 모든 이들을 기만할 수밖에 없게 된다. 끝으로 탐욕스러운 야심, 진짜 필요해서라기보다 다른 이들 위에 군림하기 위해 재산을 늘리려는 열망은 모두에게 서로 해치려는 악한 성향, 좀 더 안전하게 공격하기 위해 종종 호의의 가면을 쓰는 만큼 더 위험하고 은밀한 질투를 불러일으킨다. 한마디로 한편으로는 경쟁과 대립관계, 한편으로는 이해관계의 대립, 그리고 항상 다른 이들을 희생시켜 자신의 이익을 얻으려는 숨겨진 욕망, 이 모든 악이 사유(私有)의 첫 번째 결과이고 갓 생겨난 불평등과 떼놓을 수 없는 것이다.

부(富)를 나타내는 기호[50]가 만들어지기 전에 부는 사람들이 소유할 수 있는 유일한 실제 자산인 토지와 가축으로 이루어질 수밖

---

50 화폐를 지칭.

에 없었다. 그런데 상속이 수와 넓이에서 땅 전체의 범위로 확대되어 버리면 자기 재산을 늘리기 위해 타인을 희생시킬 수밖에 없었고, 약하고 무기력해서 자기 몫을 챙기지 못한 이들은 잃은 것은 없지만 가난해졌다. 왜냐하면 주변의 모든 것이 변하는데 그들만이 변하지 않아서 어쩔 수 없이 부자들로부터 생필품을 받거나 빼앗아야 했고, 그로부터 양쪽의 다양한 특성에 따라 지배와 종속, 혹은 폭력과 약탈이 생겨나기 시작했기 때문이다. 부자들은 지배의 기쁨을 알게 되자 곧 다른 이들 모두를 멸시했고 새로운 노예들을 복종시키기 위해 예전 노예들을 이용하며 오로지 이웃을 굴복시키고 노예로 만들 생각만을 하였다. 마치 한번 인육을 맛보고서는 다른 먹이를 모두 거부하고 사람만 잡아먹으려는 굶주린 늑대와 같다.

이렇게 해서 가장 강한 자나 가장 빈곤한 자가 그들의 힘이나 욕구를 그들에게는 소유권과 같은 가치를 지니는 타인의 자산에 대한 일종의 권리로 만들어서, 평등은 깨지고 가장 끔찍한 무질서가 뒤따르게 되었다. 또 부유층의 횡령과 빈곤층의 약탈과 모든 사람들의 광적인 정념이, 타고난 연민과 여전히 약한 정의의 목소리를 질식시키면서, 인간을 탐욕스럽고 사악한 야심가로 만들었다. 최강자의 권리와 최초 점령자의 권리 사이에 전쟁이나 살육으로 끝날 수밖에 없는 영원한 갈등이 생겼다.[51] 신생 사회는 가장 끔찍한 전쟁 상태로 내몰렸다. 타락하고 황폐해진 인류는 왔던 길을 되돌아갈 수도 없고

---

51 172쪽 〈원주 17〉

이미 일궈 놓은 불행한 획득물을 포기할 수도 없으며 자신의 명예가 되는 능력을 남용하여 단지 자신을 치욕스럽게 하느라 애를 쓰는 형국이다. 따라서 이러한 인류는 스스로 몰락 직전에 다다랐다.

> "새로운 악에 놀라 부자이며 비참한 자가 재물에서 도망치려하고 예전에 경배하던 것을 싫어한다."[52]

사람들이 이처럼 불행한 상황과 그들을 억누르는 불행에 관해 성찰하지 않은 것은 아니다. 특히 부자들은 자기들만이 모든 비용을 부담한 지루한 전쟁이 그들에게 아무런 득이 되지 않는다는 것을 깨달았을 것이다. 게다가 그 전쟁에서는 생명의 위험은 공통적이었으나 재산의 위험은 그들의 몫이었다. 게다가 그들이 자신들의 착취에 어떤 색깔을 부여하든, 그것들은 단지 일시적이고 부당한 권리를 토대로 확립되었다는 것을, 그리고 힘으로만 획득했던 그것을 힘에 의해 약탈당해도 거기에 대해 불평할 명분이 없다는 것을 충분히 잘 알고 있었다. 노동만으로 부를 축적한 사람조차 자기 소유에 좀 더 근사한 권한을 부여할 수는 없었다. 그가 "이 성벽은 내가 쌓았고 내 힘으로 일을 해서 이 토지를 얻었소."라고 말해봐야 소용없었다. 사람들은 그에게 다음과 같이 대답할 수 있었다. "누가 당신에게 경계를 지을 권리를 주었고 무슨 근거로 우리가 당신에게 강

52 오비디우스《변신》11권 5장 127행. 몽테뉴《에쎄》2편 12장.

요하지 않은 일을 위해 우리를 희생시켜 당신의 몫을 요구하는가? 당신의 수많은 형제들이 당신에게 차고 넘치는 것이 필요해서 고통받거나 죽어가는 것을 모르는가? 그리고 당신이 자기 몫 이상의 모든 것을 공동생활의 재료(수단) 속에서 전유하려면 전 인류의 만장일치가 필요했다는 것을 모르는가?"라고. 부자에게는 자신을 정당화하기 위한 효과적인 명분과 자기를 방어하는 충분한 힘이 결여되어 있다. 그리고 개인을 쉽게 짓밟을 수 있어도 강도떼에게는 오히려 자기 쪽이 짓밟히어, 오로지 혼자서 모든 사람을 적으로 돌리고 게다가 서로 질투심 때문에 약탈이라는 공통된 희망으로 단결된 적에 대해 자기 동료를 규합할 수도 없다. 그래서 부자는 필요에 쫓기어 급하게 인간의 마음속에 들어있는 가장 교묘한 계획을 생각해냈다. 그것은 바로 그를 공격했던 세력 자체를 자신을 위해 고용하고 적을 자신의 보호자로 만들고 그들에게 다른 원칙들을 고취시키며 자연법이 그에게 적대적이었던 만큼 그에게 우호적인 다른 제도를 스스로 마련하는 것이었다.

이러한 목적에서 부자는 자기 이웃에게 어떤 상황에 대한 공포심을 불러 일으켰다. 이 상황은 이편의 모든 이를 다른 이에 맞서 무장시켰던 그들에게 소유를 욕구만큼 번거로운 것으로 만들었으며 이 상황에서는 가난하든 부유하든 어느 쪽도 안전하지 않았다. 따라서 부자는 이웃을 자신의 목표대로 이끌기 위해 특정한 근거를 쉽게 날조해냈다. 그는 그들에게 말했다. "압제로부터 약자를 보호하고 야심가를 제지하며 각자 자기 것을 지키기 위해 뭉칩시다. 누구도 차별하지 않으며 모두가 복종해야 하고 그리고 강자와 약자를 똑같이 상호간의 의무에 종속시켜서 어쨌든 운명의 변덕을 바로잡는 정의와 평화의 규범을 세웁시다. 한마디로 우리 힘을 우리에게 불리한 쪽으로 향하게 하지 말고 하나의 최고 권력으로 힘을 모읍시다. 현명한 법에 따라 우리를 지배하고 그 결합체의 모든 구성원을 보호하고 지키며 공통된 적을 물리치고 우리를 영원한 화합 속에 유지시키는 권력으로 힘을 모읍시다."

조잡하고 유혹에 쉽게 넘어가는 사람들을 선동하기 위해서는 이런 연설조차 필요치 않을 정도였다. 게다가 그들은 조정자 없이 지내기엔 그들끼리 해결해야 할 일이 너무 많았고 오랫동안 주인 없이 지내기엔 탐욕과 야심이 너무 컸다. 모두 자유를 보장받을 거라 생각하고서 쇠사슬 앞으로 달려 나갔다. 왜냐하면 그들은 정치제도의 이익을 느낄 만큼의 이성은 갖고 있었지만, 그 위험을 예견할 만큼 경험이 많지는 않았기 때문이다. 그 폐해를 제대로 예감할 수 있었던 것은 바로 이를 이용하려고 했던 이들이었다. 그리고 현명한 이들조차 부상자가 몸의 나머지 부분을 살리기 위해 팔을 절단하듯 다른 자유를 수호하기 위해 일정부분의 자유를 희생시킬 결심을 해야 했다는 사실을 알고 있었다.

사회와 법률의 기원은 이런 것이었다. 이 사회와 법률이 약자에게는 새로운 족쇄를 강자에게는 새로운 힘을 주었고[53] 타고난 자유를 영원히 파괴했다. 또 소유와 불평등의 법을 영원히 고정시켰고 약삭빠른 착취를 취소할 수 없는 권리로 만들었으며 일부 야심가의 이익을 위해 모든 인류에게 노동, 종속 그리고 가난을 강요했다. 어떻게 단 하나의 사회의 설립이 다른 모든 사회의 설립을 필수적인 것으로 만들었는지, 그리고 연합세력에 맞서기 위해 어떻게 스스로도 단결해야 했는지 쉽게 알 수 있다. 빠른 속도로 증가하거나 확대되는 사회는 곧 전 세계를 뒤덮었다. 그리고 사람이 멍에에서 벗어나거나 모두의 머리 위에 매달린 채 변덕스럽게 자주 떨어지는 칼을 피할 수 있는 곳이 단 한 군데도 없었다. 이렇게 시민법이 시민의 공통규칙이 되었으므로 자연법은 다양한 사회들 사이에서만 생겨났다. 그 사회에서 자연법은 국제법이라는 이름아래 교류를 가능하게 하고 타고난 연민을 보완하기 위해 몇 가지 암묵적인 규범으로 조절되었다. 그런데 타고난 연민은 사회에서 사회를 거치며 인간과 인간 사이에서 지녔던 모든 힘을 대부분 잃고서 단지 몇몇 인도주의적인 위대한 영혼들에만 남아 있을 따름이다. 그리고 이 위대한 영혼을 가진 이들은 사람들을 구분하는 상상의 장벽을 뛰어넘고 창조주를 본받아 인류 전체를 박애로 감싸 안는다.

이렇게 여전히 자연 상태에 남아 있는 정치제도는 각 개인을 그 상태에서 빠져나오도록 강요하는 데 곧 불편함을 느끼게 되었다. 그

---

53 173쪽 〈원주 18〉

리고 이 상태는 단체의 구성원인 개인보다 대형 단체 사이에서 더 큰 불행을 초래하게 되었다. 국가 간의 전쟁, 싸움, 살인, 자연을 전율케 하고 이성을 괴롭히는 복수 등과, 인간의 피를 흘린 명예를 미덕의 반열에 자리 잡게 하는 모든 끔찍한 편견이 거기서부터 비롯되었다. 가장 정직한 사람들마저 동족을 죽이는 것을 자기 의무 가운데 하나라고 생각하게 되었다. 그리고 끝내는 이유도 모른 채 수천 명씩 서로 죽이는 것을 보게 되었다. 그리고 자연 상태의 전 세계에서 몇 세기에 걸쳐 행해졌던 것보다 단 하루의 전쟁에서 더 많은 살인이 저질러졌고 도시 하나를 점령해서 더 많은 잔악행위를 하였다. 이것이 인류가 다른 사회로 나눠지면서 엿볼 수 있는 첫 번째 결과이다. 이제 그 사회의 제도로 되돌아가보자.

여러 사람들이 강자의 정복이나 약자의 연대처럼 정치적 사회에 다른 근원을 제시했음을 알고 있다. 그렇지만 이 원인 가운데서의 선택은 내가 증명하려는 것과는 무관하다. 그렇지만 좀 전에 내가 설명한 이유는 다음과 같은 이유로 인해 내가 보기에 가장 자연스러운 것 같다. 1. 앞에서 말한 강자의 정복인 경우, 정복의 권리는 결코 권리가 아니므로 다른 어떤 권리도 만들어 낼 수 없다. 완전히 자유를 되찾은 국민이 자발적으로 정복자를 수장으로 선출하지 않는 한 정복자와 피정복자는 전쟁 상태에 머무르게 되기 때문이다. 사람들이 항복했더라도 그것은 오로지 폭력에 근거한 것이므로, 사실상 무가치한 것이어서 이런 가정에서는 최강자의 법 이외에 참된 사회도 정치 단체도 어떠한 법도 가질 수 없다. 2. 약자의 단결 이라는 두 번째 경우에는 '강자'와 '약자'라는 단어가 애매모호하다. 소유권이나 선점자의 권리 확립과 정치적 지배의 확립 사이에 있는 시기에는 가난하다거나 부자라거나 하는 말을 쓰는 편이 훨씬 이해 하기 쉽다. 왜냐하면 사실 법이 생기기 전에는 자신과 동등한 자를 굴복시키기 위해서는 타인의 자산을 공격하거나 타인에게 자신의 몫을 나눠주는 방법밖에는 없었기 때문이다. 3. 가난한 사람은 자 유 이외에는 잃을 것이 없는데, 반대급부로 얻을 것이 없는데도 자 신에게 남아 있는 유일한 자산을 자발적으로 벗어던진다는 것은 완 전히 미친 짓이었다. 반면, 부자는 모든 자산에 민감하므로 그들을 아프게 하기가 훨씬 더 쉬웠다. 부자는 자신이 피해 입지 않으려고 자기 방어에 보다 세심했다. 그리고 끝으로 사물의 발명은 그로 인 해 피해를 입게 될 사람보다는 득을 볼 사람에 의해 이루어졌다고 믿는 편이 타당하다.

신생 정부는 항구적이고 정규적인 형태를 전혀 갖지 못했다. 철 학과 경험의 부족으로 인해 눈앞의 불편함만을 알게 되었다. 그리 고 사람은 다른 불편이 나타날 때에야 비로소 그것을 고치려는 생 각을 하게 되었다. 현명한 입법자들이 모든 노력을 다했음에도 정치 적 국가 상태는 언제나 불완전했다. 왜냐하면 국가는 거의 우연의 산물이었고 시작이 나빴기 때문에 세월이 가면서 결점을 발견하고 해결책을 암시하면서도 구조적 악습을 결코 바로잡을 수 없었기 때문이다. 리쿠르고스[54]가 스파르타에서 했던 것처럼 나중에 좋은 건물을 세우기 위해서는 땅을 청소하고 모든 낡은 재료를 멀리하는 것으로 시작했어야 했는데 계속 수선만 한 것이다. 사회는 우선 몇몇 일반적인 협약으로만 성립되었고 모든 개인이 이를 지키기로 약속하고 그들 각자에 대해 공동체가 협약의 보증인이 되었다. 이 같은 조직이 얼마나 힘이 없었는지, 또 대중만이 증인이고 재판관이어야 했던 잘못에 대해 증거나 처벌을 모면하는 일이 위반자에게 얼마나 쉬웠는지 경험을 통해 알게 되었다. 사람들은 수천 가지 방법으로 법망을 교묘히 피해갔다. 불편과 무질서가 끝도 없이 늘어갔다. 마침내 사람들은 공권력이라는 위험한 직분을 몇몇 개인에게 위탁할 생각을 했고 국민의 의결을 준수하게 하는 일을 맡기게 될 정도였다. 왜냐하면 연맹이 만들어지기 전에 수장이 선출되었다든지, 법률 이전에 법률 집행자가 존재했다든지 하는 말은 반박할 가치도 없는 가정이기 때문이다.

백성이 먼저 조건 없이 그리고 영속적으로 절대군주의 품에 뛰어들었고, 자긍심 강하고 길들여지지 않은 사람들이 공동 안전을 마련하려고 생각해낸 첫 번째 방법이 노예 상태로 들어가는 것이었다고 생각하는 것 또한 더 이상 합리적이지 않을 것이다. 실제로 그들을 압박으로부터 지켜주고 그들 존재의 구성 요소인 재산이나 자

---

54 리쿠르고스 : 고대 그리스시대 스파르타의 입법자. 스파르타의 특이한 제도의 대부분을 제정하였다고 전해지지만 생몰연대를 알 수 없는 전설적인 인물이다.

유, 생명을 보호하는 일이 아니라면 무엇 때문에 그들을 지배자로 만들었을까? 그런데 인간관계에서 일어날 수 있는 최악의 사태는 한편이 다른 한편의 뜻대로 처분되어 버리는 것이기에, 그것의 보존을 위해 그들이 지도자의 도움을 필요로 한 것인데 그 유일한 것들을 지도자의 손에 주는 것으로 시작하는 것은 양식에 위배되는 것이 아닐까? 그렇게도 훌륭한 권리를 양도받는 대신 지도자는 그에 상응하는 어떤 것을 제공할 수 있었을까? 만일 지도자가 백성을 보호한다는 구실로 그것을 감히 요구했다면, 그는 곧 "적이 우리에게 더 이상 무엇을 할 수 있을까?"라는 교훈적인 우화의 답변[55]을 들었을 것이다. 그러므로 국민은 자신을 노예로 만들기 위해서가 아니라 그들의 자유를 보호하기 위해서 지도자를 받아들였다는 것은 명백하다. 또 그것은 모든 정치적 권리의 근본 원칙이다. 플리니우스가 트라야누스[56]에게 말했다. "만일 우리가 군주를 가진다면, 이는 우리가 주인을 갖는 것을 예방하기 위해서다."[57]라고.

정치가는 자유를 사랑한다는 일에 대해 철학자가 자연 상태에 대해 한 일과 같은 궤변을 늘어놓고 있다. 그들은 눈에 보이는 것으로, 본 적 없는 아주 다른 일들을 판단한다. 그리고 그들 앞에 있는

---

55 "우리의 적은 곧 주인이다."라는 대답. 라퐁텐의 《우화》 6편 8화 '노인과 당나귀' 참조.

56 로마 황제(재위 98 - 117). 원로원과의 협조 자세를 유지하고, 빈민 자녀의 부양정책, 이탈리아의 도시 · 농촌 회복시책을 추진하였다.

57 소 플리니우스(로마의 정치가, 문인, 대 플리니우스의 조카, 양자), 〈트라야누스에게 바치는 송가〉에서 인용.

노예들이 예속을 견뎌내는 인내심을 보고 인간에게는 예속에 대한 태생적 성향이 있다고 규정한다. 하지만 그들은 자유란 순수함이나 미덕과 같아서 향유하는 만큼만 가치를 느끼고 잃으면 곧 그에 대한 취향이 사라진다는 것을 생각해보지 않았다. 스파르타의 삶을 페르세폴리스의 삶과 비교하는 페르시아의 태수에게 블라시더스가 말했다.[58] "나는 자네 나라의 더 없는 즐거움을 알고 있지만, 자네는 내 나라의 즐거움을 알 수 없네."

길들여진 말이 채찍과 박차를 묵묵히 견뎌내는데 반해 길들여지지 않은 준마는 재갈을 갖다 대기만 해도 말총을 세우고 땅을 발로 차며 격렬히 저항한다. 마찬가지로 야만인은 문명인이라면 이의 없이 지니는 멍에에 결코 자신의 머리를 굽히지 않으며 평온한 굴복보다는 아무리 소란스러워도 자유를 더 선호한다. 그러므로 인간이 선천적으로 예속에 대해 찬성인지 반대인지 하는 기질적 문제는 예속된 국민의 실추된 권위에 의해서가 아니라 모든 자유인이 압제로부터 스스로를 지키기 위해 하는 놀라운 일들을 통해서 판단해야 한다. 나는 예속된 사람들이 속박상태에서 누리는 평화와 휴식을 끊임없이 자랑하기만 하고 "그들이 더없이 비참한 노예 상태를 평화라고 부른다."[59]는 것을 알고 있다. 하지만 자유를 잃어버린 이들이 그토록 무시하던 유일한 자산인 자유를 지키기 위해 즐거움, 휴식,

---

58 블라시더스는 기원전 5세기의 스파르타 장군. 페르시아의 총독은 사치로 유명했다. 페르세폴리스는 호화로운 부를 자랑하는 빛나는 왕의 수도 가운데 하나.

59 타키투스 《역사》 4권 17장 인용.

부, 권력 그리고 생명마저 희생하는 이들을 볼 때, 자유롭게 태어나 속박을 끔찍이 싫어하는 동물이 우리의 쇠창살에 머리를 부딪치는 것을 볼 때, 옷을 입지 않은 수많은 미개인이 유럽인의 관능적 쾌락을 무시하고 단지 독립을 지키기 위해 굶주림, 불, 칼 그리고 죽음마저 불사하는 것을 볼 때, 나는 자유에 대해 숙고하는 것은 노예가 할 일이 아님을 느낀다.

일부에 의해 절대적 지배와 모든 사회의 원천으로 간주된 부권 (父權)에 대해서는 로크와 시드니[60]의 반증에 의존할 것까지도 없이 다음 설명에 주의하는 것만으로 충분하다. 세상의 그 어느 것도 감미로운 권위인 부권만큼 잔혹한 전제주의 정신에 먼 것은 없으며, 부권은 명령하는 자의 효용보다 복종하는 자의 이익을 더 많이 고려하고 있다. 또 자연법에 의하면 아버지는 아이에게 도움이 필요한 기간 동안만 아이의 주인이 되고 그 이후에는 아버지와 아이는 평등해지며 아버지로부터 완전하게 독립한 아들은 아버지에게 복종이 아니라 단지 존경심만을 갖게 된다. 왜냐하면 감사는 표현해야 할 도리이지 요구할 수 있는 권리가 아니기 때문이다. 문명사회가 아버지의 권위에서 파생된다고 말하는 대신에, 반대로 이 부권의 주된 힘을 사회에서 끌어내는 것이 바로 문명사회라고 말해야 했다. 이를테면 어떤 사람은 여러 사람이 주위에 모여 있을 때만 아버지로 인

---

60 시드니Sir Philip Sidney(1554~1586), 영국의 시인 · 정치가. 영국의 르네상스 시대를 대표하는 인물,

정되었다. 아버지가 소유한 재산은 아이들을 그에게 의존하게 하는 기반이다. 그리고 아버지는 아이들이 아버지를 계속 존경함으로써 자신을 위해 공헌한 정도에 따라서 그들에게 상속을 나누어 주면 되는 것이다. 그런데 백성이 전제군주에게서 이와 비슷한 은혜를 기대할 수는 없으니, 그들 자신도 그들의 소유물도 모두 군주의 소유라고 주장되므로 백성은 자기 재산 가운데 남겨진 것을 군주의 은혜로 받아들이는 것에 불과하다. 군주가 백성을 약탈하면 정의를 행하는 것이고 그들을 살려두면 은총을 베푸는 것이다.

이처럼 권리에 의해 사실을 계속 검토해보면 전제주의의 자발적인 확립에는 진실도 견고함도 발견하지 못할 것이다. 그리고 양자 가운데 한쪽만 구속하고, 한쪽에는 모든 것이 있고 다른 쪽에는 아무것도 없고, 게다가 의무를 지는 자만 손해 보는 그런 계약의 유효함을 보여주기는 어려울 것이다. 이 저주스러운 제도는 심지어 오늘날에도 현명하고 선량한 군주의 체계와는, 특히 프랑스의 왕들과는 거리가 멀다. 그리고 왕의 칙령이 내려지는 곳마다, 특히 루이 14세의 이름으로 그의 명령에 의해 1667년에 발표된 유명한 저술의 다음 구절에서 보이는 것이 그러하다.

"왕이 국법에 따르지 않는다고 말하지 말지어다. 그 반대의 명제가 국제법의 진리이며 아첨과 추종하는 자들이 때로 이 진리를 공격했지만, 선량한 군주는 언제나 이를 국가의 수호신으로서 옹호했기 때문이니라. 현자 플라톤과 함께 다음과 같이 말하는 것이 훨씬 더 정당하지 않겠느냐? 즉, 왕국의 완벽한 행복은 군주가 백성들의 추앙을 받고 군주는 법률을 따르며 법률은 올바르고 항상 공익을 지향하는 것이라고."

자유는 인간의 능력 가운데 가장 고귀한 것이므로 자신의 모든 재능 가운데 가장 소중한 것을 기탄없이 포기하는 것은, 그리고 잔인하고 무분별한 주인의 마음에 들기 위해 금기시되는 모든 범죄를 저지르는 것은 인간의 본성을 타락시키고 본능의 노예인 짐승의 수준으로 떨어뜨려 심지어 자신을 만들어준 창조주를 공격하는 것이 아닐까. 그리고 이 숭고한 제작자는 자신의 가장 아름다운 작품이 모욕당하는 것보다 파괴되는 것을 보는 것에 더 분개하지 않을까. 나는 그런 일을 세세히 탐색하지는 않을 것이다. 나는 다만 이 정도까지 서슴없이 자신의 품위를 떨어뜨리는 데 두려움이 없었던 이들이 어떤 권리로 자기 후손까지 똑같은 치욕에 빠트릴 수 있었는지, 그리고 또 후손이 그들의 관대함 덕에 얻은 것도 아닌 재물, 게다가 그걸 가질 자격이 있는 모든 사람들에게 그것이 없으면 삶 자체가 무거운 짐이 되는 재물을 무슨 권리로 후손 대신 포기할 수 있었는지 묻고 싶을 따름이다.

푸펜도르프[61]는 합의나 계약에 의해 타인에게 자신의 재산을 양

---

61 푸펜도르프 : 독일의 법학자·역사학자. 자연법 사상 옹호로 잘 알려진 인물이다.

도하는 것과 마찬가지로 누군가를 위해 자신의 자유를 포기할 수도 있다고 말한다. 이것은 몹시 나쁜 추리인 것 같다. 왜냐하면 우선 내가 양도하는 재산은 나와 완전히 분리된 것이므로 그 남용에 대해 전혀 관심 없지만 내 자유가 남용되지 않는 것은 나에게 중요하기 때문이다. 그리고 내가 강요당하는 나쁜 일에 대해 그 죄를 짊어질 각오 없이는 나 스스로 죄의 도구가 되는 위험을 범할 수는 없다. 게다가 소유권은 단지 합의와 인간의 제도에 속할 뿐이므로 모든 사람은 자신이 소유한 것을 자기 마음대로 처분할 수 있다. 하지만 생명이나 자유와 같은 자연의 본질적인 선물에 관해서는 똑같지 않다. 이러한 선물은 각자 향유할 수 있지만 버릴 권리가 있는지는 의심스럽다. 하나(자유)를 버리면 자신의 존재를 타락시키고 다른 하나(생명)를 버리면 존재가 그 자신인 만큼 자신을 없애는 것이 된다. 그리고 어떤 일시적 재산도 자유나 생명을 보상해줄 수 없으므로 어떤 대가 때문이든 그것을 포기하는 것은 본성과 이성을 한꺼번에 거역하는 셈이 될 것이다. 그러나 재산과 마찬가지로 자유를 양도할 수 있다 하더라도, 권리를 이양 받아 아버지의 재산을 향유하는 아이들에게 그 차이는 상당히 클 것이다. 그런데 자유는 인간으로서 자연으로부터 받은 선물이므로 부모가 아이들에게서 그것을 빼앗을 권리가 전혀 없다. 그러므로 노예제도를 수립하기 위해서는 자연을 왜곡해야 했고 이 권리를 지속시키기 위해서는 자연을 바꾸어야 했다. 그리고 노예의 아이는 노예로 태어난 것이라고 장중하게 말했던 법률가들은 다른 말로 인간은 인간으로 태어난 것이 아니라고 결정한 셈이다.

그러므로 내가 보기에 다음은 확실한 것 같다. 정부는 자의적인 권력에서 시작된 것은 아니며 그 같은 권력은 정치의 부패이자 단지 마지막에 다다르게 될 극한에 불과하며 결국은 처음엔 그 치료제였던 유일무이한 최강자의 법으로까지 정부를 이끌게 된다. 뿐만 아니라 정부가 그렇게 하여 시작된 것이라 해도 이 권력은 비합법적인 본성에 의해 사회의 법이나 결과적으로 제도의 불평등에 대한 토대로 사용할 수 없다는 것이다.

지금은 모든 정부의 근본적인 협약의 본성에 관해서는 깊이 탐구하지 않을 것이다. 여기서는 일반적인 여론을 따라가면서 정치 단체의 확립을 국민과 그들이 선택한 수장 사이의 진짜 계약으로 고려하는 것으로 그친다. 이 계약으로 양쪽 당사자는 거기서 정해지고, 연대의 끈을 이루는 법률을 준수할 의무를 지게 된다. 사회관계에 관해 국민은 모든 의지를 단 하나로 모았으므로 이 의지가 설명되는 모든 조문(條文)은 모든 국가 구성원에게 예외 없이 의무를 지우는 정도의 법률이 된다. 그리고 그 법률 가운데 하나는 다른 법 집행 감시 임무를 지닌 위정자의 선택과 그 권력을 규정하고 있다. 이 권력은 정체(政體)를 바꾸는 데까지는 이르지 않지만 그것을 유지할 수 있는 모든 것에 확대된다. 거기에 법률과 그 집행자를 존경받게 만드는 갖가지 명예가 덧붙여진다. 그리고 집행자에 대해서는 선한 행정에 대한 노고를 보상해주는 특전이 추가된다. 대신 위정자는 자신에게 맡겨진 권력을 오직 위임자들의 의도에 따라서만 사용하고 모두가 자기 것을 평화롭게 향유하게 하며 모든 경우에 자기 이익보다는 공익을 우선시해야 한다.

경험을 통해 혹은 인간 마음에 대한 깨달음으로 인해 이 같은 정체의 남용이 불가피하다는 것을 예견하기 전에는, 정체의 보존 임무를 맡은 이들이 이해관계에 가장 많이 얽혀 있는 만큼 정체가 더 훌륭한 것으로 보였을 것이다. 왜냐하면 위정자의 직분과 권리는 단지 기본적인 법률 위에서만 확립되므로, 그 법률이 파괴되자마자 위정자들은 그 합법성을 잃을 것이고 국민은 더 이상 그에게 복종하지 않으려 할 것이기 때문이다. 그리고 국가의 본질을 이루는 것이 위정자가 아니라 법률이므로 각자 당연히 자연의 자유로 되돌아갈 것이다.

조금만 주의 깊게 성찰해보더라도 이는 새로운 이유들에 의해 확인될 것이고 계약의 본성으로 보아 취소될 수 없는 것임을 알게 될 것이다. 왜냐하면 계약 당사자들의 충실함을 보증할 수 있고 그들로 하여금 상호간의 계약을 충실히 이행하도록 강요할 수 있는 상위의 권력이 없다면, 계약 당사자들만이 소송에서 유일한 재판관이 될 것이기 때문이다. 그리고 다른 편에서 계약 조건을 위반하거나 조건이 더 이상 마음에 들지 않으면 바로 그 계약을 포기할 권리를 갖게 될 것이기 때문이다. 바로 이러한 원칙 위에 기권이 근거할 수 있는 것 같다. 그런데 우리가 하듯이 인간 제도만을 고려할 때 모든 권력을 수중에 지니고 계약의 모든 이익을 차지하는 위정자에게 권위를 포기할 권리가 있다면 지도자들의 모든 잘못의 대가를 치러야 하는 국민에게는 말할 것도 없이 종속을 포기할 권리가 있어야 할 것이다. 하지만 이 위험한 권력이 필연적으로 이끄는 끔찍한 대립과 끝없는 무질서는 그 무엇보다 인간의 통치가 단순한 이성보다 얼마나 더 견고한 토대를 필요로 했는지를 잘 보여준다. 그리고 주권을 마음대로 처분하는 해로운 권리를 백성에게서 빼앗는, 신성하고 범할 수 없는 성격을 주권에 부여하기 위해 신의 의지가 개입하는 일이 공공의 평화를 위해 얼마나 필요한 것인지도 잘 보여준다. 종교가 사람들에게 단지 이것만을 해줄 수 있다면 사람들 모두는 심지어 종교가 남용된다 해도 종교를 믿고 소중히 여기기에 충분할 것이다. 왜냐하면 종교는 광신주의로 인해 흘리게 하는 피보다 훨씬 많은 피를 아껴주기 때문이다. 하지만 우리가 세운 가정의 맥락을 따라가 보도록 하자.

다양한 정부 형태의 기원은 정부가 설립된 순간에 개인들 사이의 다소 큰 차이에서 유래한다. 만일 한 사람이 능력, 미덕, 부 그리고 신용 모두 뛰어나다면? 그 사람만이 위정자로 선출되어 그 국가는 군주제가 되었을 것이다. 그리고 거의 동등한 여러 명이 다른 많은 사람들을 압도했다면 그들이 함께 선출되어 귀족제가 된다. 재산이나 재능이 서로 비슷하고 자연 상태에 가장 가까운 이들이 공동으로 최고의 행정을 유지하여 민주주의를 이루었다. 이 형태 가운데 어떤 것이 사람들에게 가장 이로운지는 시간이 검증해주었다. 어떤 이들은 오로지 법률에 따랐고 다른 이들은 곧 주인들에게 복종했다. 시민들은 자유를 지키고 싶어 했고 백성들은 자신들이 더 이상 향유하지 못하는 자산을 다른 이들이 누리는 것을 보며 고통스러워 할 수 없어서 이웃들에게서 자유를 뺏는 것만 생각했다. 한마디로 한편에는 부와 정복이, 다른 한편에는 항복과 미덕이 있었다.

이렇듯 다양한 정부에서 모든 위정자들은 우선은 선거로 선출되었고, 부가 더 우세하지 않았을 때는 자연적인 영향력을 주는 장점을, 그리고 일에서 경험이 있고 차분히 성찰할 수 있는 노년층을 선호하게 되었다. 헤브라이의 장로들, 스파르타의 게론테스, 로마의 원로원 거기다 우리나라의 세뇨르(seigneur)라는 단어의 어원만 보더라도 예전에는 나이 든다는 것이 얼마나 존중되었는지 알 수 있다. 나이 많은 사람들이 더 많이 선출될수록 선거는 더 빈번해지고 그에 따른 불편이 느껴졌다. 음모가 생겼고 과격파가 형성되었고 당파는 격해졌으며 내란이 촉발되었고 마침내 소위 국가의 행복을 위해 시민의 피가 제물로 바쳐졌으며 이전 시대의 무정부 상태로 다시 빠져들기 직전에 이르렀다. 지도자들의 야심은 이런 상황을 이용해서 가계 내에서의 자신들의 지위를 영구화했다. 이미 의존, 휴식 그리고 삶의 안락함에 익숙하여 족쇄를 끊을 수 없게 된 국민은 평온한 상태를 확고히 하기 위해 종속 상태를 늘리는 데 동의했다. 이렇게 해서 세습이 된 지도자들은 위정자의 신분을 가족 소유 자산으로 간주하고 고작 관리에 지나지 않았던 그들이 스스로를 국가의 소유주로 여기고 그와 동등한 시민들은 노예라 칭하고 자신에게 속하는 가축이라 생각하며 그들 스스로를 신이나 왕 중의 왕과 동등하다고 칭하는 데 익숙해졌다.

우리가 이처럼 여러 가지 변혁 가운데서 불평등의 진보를 따라가보면 소유권과 법률의 확립이 처음으로 불평등을 만들어내고 위정자 직분이 그 다음으로, 끝으로 합법적인 권력으로부터 전제적 권력으로의 변화가 불평등을 조장했음을 알 수 있다. 그렇게 해서 첫 번째 시기에 부자와 가난한 자, 두 번째 시기에 강자와 약자의 상태가 용인되었고, 세 번째 시기에는 주인과 노예의 상태가 용인되었다. 이 세 번째 시기가 불평등의 마지막 단계이고 새로운 변혁이 정부를 완전히 와해시키기나 합법적인 제도에 근접시키기까지 마침내 다른 모든 상태가 귀착되는 끝 지점이다.

이 진보의 필요성을 이해하기 위해 정체 확립의 동기보다는 이 정체 실행 형태와 뒤따른 불편함을 더 고려해야 한다. 왜냐하면 사회제도를 꼭 필요한 것으로 만드는 악덕은 그 남용을 불가피하게 만드는 것과 같은 악덕이다. 법률이 주로 아이들의 교육에 신경 쓰고, 리쿠르고스가 법률을 거의 덧붙일 필요가 없는 풍속을 확립했으므로 스파르타만은 예외로 하자. 정념보다는 덜 강한 일반적인 법률은 인간들을 변화시키지는 않지만 억제시킨다. 스스로 부패하지도 타락하지도 않으며, 언제나 그 제도의 목적에 부합하는 모든 정부는 필요도 없는데 설립되었을 뿐이고, 아무도 법망을 피하지 않고 사법권을 남용하지 않는 나라에서는 위정자도 법률도 필요 없다는 것을 증명하기는 쉽다.

정치적 차별은 필연적으로 사회적 차별을 가져온다. 국민과 지도자 사이에 커져가는 불평등은 곧 개인들 사이에서 느껴지게 되고 정념, 재능 그리고 상황에 따라 수많은 방식으로 변화된다. 위정자는 일정부분을 나눠줘야 하는 부하를 만들지 않고서는 비합법적인 권력을 부당하게 차지할 수 없다. 게다가 시민들은 맹목적인 야망에 이끌릴 때만 억압을 받아들이고, 자기 위보다는 아래쪽을 더 바라보므로 그들에게는 독립보다 지배가 더 소중하여 다른 사람들에게 족쇄를 채우기 위해 스스로 족쇄를 차는 것에 동의한다. 누군가에게 명령하려는 야심이 전혀 없는 이에게 복종을 강요하기는 아주 어렵다. 그리고 아무리 능란한 정치가라도 자유만을 원하는 사람들을 구속할 수는 없다. 하지만 운명의 위험을 무릅쓸 준비가 된, 그리고 자신에게 유리한지 아닌지에 따라 거의 무심하게 지배하거나 봉사할 준비가 된 야심 가득하고 비겁한 영혼들 가운데서 불평등은 어렵지 않게 퍼진다. 이렇게 해서 국민의 눈이 현혹되고 지도자가 아무리 하찮은 사람에게게라도 "강해져라, 너와 너의 자손들이여."라는 말만 하면, 곧 그 천한 자가 자기 자신뿐만 아니라 모든 이의 눈에 강한 것처럼 보이고, 그 후손들은 점점 더 높이 올라가게 되는 시대가 왔음에 틀림없다. 원인이 퇴색하고 불확실하면 할수록 결과는 더 커졌다. 한 가정에 게으름뱅이의 수가 많아질수록 그 가정은 더 명문가가 되었다.

만일 여기가 상세히 설명하는 자리라면 나는 다음의 내용을 쉽게 설명할 수 있을 것이다. 하나의 사회에 모인 개인들이 어쩔 수 없이 서로 비교하여 서로를 지속적으로 다루는 가운데서 발견되는 차이를 고려하자마자 신용과 권위의 불평등은 개인들 사이에서 불가피하게 된다.[62] 이 차이에는 여러 가지 종류가 있다. 하지만 일반적으로 부, 귀족 신분 혹은 서열, 힘 그리고 개인적 장점 등이 사회에서 사람들을 측정하는 주요 척도가 되므로 나는 이러한 다양한 세력의 일치 혹은 갈등이 국가가 제대로 구성되었는지 아닌지의 가장 확실한 지표임을 증명하게 될 것이다. 이 네 가지 종류의 불평등 가운데 개인적인 특질은 다른 나머지 특질의 원인이 되므로, 부는 그런 특질이 결국 귀착되는 마지막 지표라는 사실을 보여줄 것이다. 왜냐하면 부는 가장 직접적으로 안락에 도움 되며 가장 전달하기 쉬워서 나머지를 사기 위해 사람들이 부를 쉽게 사용하기 때문이다. 이 관찰을 통해 부패라는 최후의 시기를 향해 걸어온 과정과 각 국민이 태초의 제도에서 멀어진 정도를 꽤 정확하게 판단할 수 있다. 우리 모두를 집어 삼키는 평판, 명예 그리고 선호에 대한 보편적 욕망이 얼마나 재능과 힘을 훈련시키고 비교하는지를, 그것이 얼마나

---

62 173쪽 〈원주 19〉

정념을 흥분시키고 배가시키는지를 그리고 모든 사람들을 경쟁자, 라이벌 혹은 오히려 적으로 만들면서 이 욕망이 많은 지원자들에게 같은 경기장을 뛰게 함으로서 매일 얼마나 많은 역경, 성공 그리고 재난의 원인이 되는지를 나는 주목하게 될 것이다. 자기 평판을 높이고 싶다는 열망과 우리를 거의 언제나 흥분시키는 뛰어나고 싶다는 바람 덕분에 우리는 인간 속에 있는 최선과 최악의 것, 악덕과 미덕, 학문과 오류, 정복자와 철학자, 즉 소수의 좋은 것에 대해 다수의 나쁜 것이 존재한다는 사실을 보여주려 한다. 끝으로 민중들이 어둠과 빈곤 속에서 기고 있는데, 소수의 강자와 부자들이 권세와 부의 절정에 있는 것을 볼 때, 그들은 자신들이 즐기는 것을 다른 사람들이 가지지 못한 동안만 존중하기 때문이고 국민이 더 이상 비참하지 않게 되면 그들은 신분을 바꾸지 않고서는 행복하지 못할 것이라는 사실을 나는 증명할 것이다.

하지만 이런 세부사항 만으로도 상당한 작품의 소재가 될 것이다. 이 작품에서 사람들은 자연 상태의 법에 비해 모든 정부의 장단점을 가늠하게 될 것이고, 정부의 성격과 시간이 필연적으로 끌어들일 혁신에 따라 불평등이 지금까지 보여줬고 앞으로 보여주게 될 다른 모든 면들을 폭로하게 될 것이다. 수많은 사람들이 외부에서 자신들을 위협하는 것에 대항하여 취한 바로 그 일련의 조심성 때문에 내부에서 억압받는 것을 보게 될 것이다. 억압받는 사람들은 압제가 얼마나 지속될지도 그것을 끝내기 위해 어떤 합법적인 방법이 남아 있는지도 알지 못한 채 억압은 지속적으로 커져갈 것이다. 시민의 권리와 국민적 자유가 점차 사라져 가고 약자의 요구는 불온한 불평으로 취급되는 것을 보게 될 것이다. 정치가 공동의 이익을 지켜야 할 명예를 돈에 좌우되는 국민의 비중에 따라 제한하는 것을 보게 될 것이다. 거기서 세금의 필요성이 생기고 낙심한 농민이 평화가 지속되는 동안에도 밭을 떠나며 칼을 차기 위해 쟁기를 내려놓는 것을 보게 되고 명예에 관한 불길하고 이상한 규칙들이 생겨나는 것을 보게 될 것이다. 조국의 옹호자가 조만간 조국의 적이 되어 같은 시민들을 향해 끊임없이 칼을 세우는 것을 보게 될 것이고 그들이 나라의 압제자에게 다음과 같이 말하는 것을 듣게 되는 때가 올 것이다.

그대가 만일 나를 향해, 우리 형제의 가슴에, 또 아버지의 목에, 또는 임신한 아내의 배에 단검을 꽂으라고 명령한다면, 비록 내 오른손이 내키지 않는다 할지라도 나는 모든 것을 행할 것이다.[63]

이성, 행복 그리고 미덕에 똑같이 상반되는 수많은 편견들이, 신분과 재산의 극도의 불평등에서 그리고 정념과 재능의 다양함에서, 쓸모없거나 해로운 기술에서, 하찮은 학문에서 나왔다. 우두머리들이 모여든 사람들을 반목시켜서 그들을 약화시킬 수 있는 모든 것

---

63 루카누스 《파르살리아》1편 37-68행.

을, 그리고 겉보기에는 사회에 화합의 분위기를 주고 실제로는 분열의 씨앗을 뿌릴 수 있는 모든 것을, 다른 신분들에 권리와 이해관계를 대립시켜 상호간 증오와 의심을 유발하고 결과적으로 그들 모두를 억압하여 권력을 강화할 수 있는 모든 것을 지도자들이 선동하는 것을 보게 될 것이다.

이러한 무질서와 혁명의 품에서 전제 군주제가 점차 보기 흉한 머리를 치켜들고 국가의 모든 부분에서 유용하고 건전하다고 인지했을 모든 것을 집어삼키며 마침내 법과 국민을 발아래 짓밟고 공화국의 폐허 위에 확립되기에 이를 것이다. 이 마지막 변화에 앞선 시기가 혼란과 중상의 시기일 것이나 결국에는 괴물이 모든 것을 집어 삼켜버리고 국민은 지도자도 법률도 없이 단지 전제군주만을 갖게 될 것이다. 또한 이 순간부터 관습과 미덕은 더 이상 문제되지 않는다. 왜냐하면 "미덕에 대해 아무런 기대도 가질 수 없는" 전제주의가 군림하는 곳은 어디나 어떤 다른 주인도 허용하지 않는다. 전제군주가 말을 시작하자마자 거기에는 참고해야 할 성실함도 의무도 없고 가장 맹목적인 복종만이 노예에게 남아 있는 유일한 미덕이다.

바로 여기가 불평등의 마지막 시기이고, 순환을 멈추고 출발 지점에 닿는 종극점이다. 바로 여기서 개인은 아무것도 아니기 때문에 그리고 백성은 주인의 의지 외의 다른 법을 더 이상 갖고 있지 않고 주인은 자신의 정념 외의 다른 규칙이 없기 때문에 모든 개인은 다시 평등하게 되고, 선의 개념과 정의의 원칙은 다시 한 번 자취를 감춘다. 바로 여기서 모든 것은 단지 강자의 법으로 그 결과 우리가 시작했던 상태와 다른 새로운 자연 상태로 되돌아간다. 전자는 그 순수함에서 자연 상태였고, 후자는 과도한 부패의 결실이라는 점에서 그러하다. 게다가 두 상태 사이에는 차이가 거의 없고, 정부의 계약은 전제주의에 의해 심하게 파괴되어 전제군주는 최강자인 동안은 주인이 되고, 그를 추방할 수 있게 되는 즉시 그는 폭력에 대항해 이의를 제기할 이유가 없다. 술탄의 목을 조르고 권좌에서 몰아내는 폭동도 그가 이전에 백성들의 생명과 재산을 마음대로 한 행위와 마찬가지로 법률 행위이다. 단지 힘만이 그를 유지시켰고 힘만이 그를 전복시킨다. 모든 일은 이렇게 자연 질서에 따라 일어난다. 그리고 이 짧고 빈번한 혁명의 결과가 어찌되었든 누구나 타인의 부당함이 아니라 단지 자기 자신의 경솔함이나 불행만을 탓할 수밖에 없다.

이렇게 인간을 자연 상태에서 시민국가로 이끌 것임에 틀림없는, 망각되고 잃어버린 길을 발견하고 따라가면서 내가 방금 드러낸 중간적인 입장을, 더불어 시간의 압박 때문에 빼놓을 수밖에 없었거나 상상력의 빈곤으로 제시하지 못한 입장을 재구성하면서, 세심한 독자라면 누구나 이 두 상태를 나누는 거대한 공간에 놀라지 않을 수 없을 것이다. 바로 이렇듯 완만한 일의 연속 가운데서 독자는 철학자들이 해결할 수 없는 수많은 윤리와 철학의 문제에 대한 해결책을 보게 될 것이다. 각 세대의 인류가 달라서 디오게네스가 자기 시대 사람들에게서 이미 더 이상 존재하지 않는 시대의 사람을 찾았기 때문에 인간을 전혀 발견하지 못했다는 사실을 세심한 독자는 느끼게 될 것이다. 그는 다음과 같이 말할 것이다. 카토는 자기 시대에서 벗어나 있었기 때문에 로마와 자유와 함께 사라졌다. 더 없이 위대한 이 사람은 5백년 일찍 다스렸다면 세상을 놀라게 했을 텐데 말이다. 한마디로, 인간의 영혼과 정념이 서서히 타락하여 말하자면 어떻게 자연을 변화시키는지, 왜 우리의 욕구와 쾌락은 결국 대상을 바꾸는 건지, 어째서 원래의 인간은 점차 사라지고 현자의 눈에 사회는 새로운 관계의 작품이고 자연 가운데서 어떠한 진짜 토대도 없이 인위적인 인간과 부자연스러운 정념의 조합만을 보여주는 것인지 등을 독자는 설명해줄 것이다. 그에 관해 성찰을 통해 알게 된 것을 관찰이 확인시켜준다. 이를테면 미개인과 문명인은 마음과 성향이 아주 달라서 한쪽에게 최상의 행복을 이루는 것이 다른 쪽에게는 절망으로 귀착된다. 미개인은 휴식과 자유만을 열망하고 여유롭게 살 수 있기만을 원한다. 그리고 스토아철학의 아타락시아(마음의 평정)마저도 다른 모든 대상에 대한 미개인의 무관심에 견줄 수 없다. 반면, 언제나 능동적인 시민은 훨씬 더 힘든 일거리를 찾기 위해 땀 흘리고 분주히 움직이고 고생한다. 시민은 죽을 때까지 일하거나 심지어 살 수 있는 상태가 되기 위해 죽음에 처하거나 불멸을 얻기 위해 현재의 삶을 포기한다. 증오하는 실력자나 경멸하는 부자에게 아첨한다. 그들에게 봉사하는 영예를 얻기 위해 그는 뭐든지 한다. 자신의 비천함과 그들의 보호를 거만하게 자랑한다. 그리고 노예 상태를 자랑스러워하는 그는 그 같은 영예를 나누지 못하는 이들에 대해 경멸하듯 이야기한다. 힘은 들지만 부러움의 대상이 되는 유럽 장관의 업무가 카리브인에게는 어떻게 비춰질까? 이 게으른 미개인은 좋은 일을 한다는 즐거움으로는 완화되지 않는 이 같은 삶에 두려움을 갖느니 차라리 잔혹하게 죽는 편을 더 선호하지 않을까? 하지만 그처럼 사람들이 마음을 쓰는 목적이 무엇인지 이해하기 위해서는 '세력'과 '평판'이라는 단어들이 그들의 마음에 어떤 의미를 지니는지 알아야 하고, 세상의 시선을 중요시 여기고 그들 자신의 증언보다는 타인의 증언에 의거해 행복해하고 만족할 줄 아는 부류의 사람들이 있다는 사실을 알아야 한다. 사실 이것이 이 모든 차이들의 진짜 이유다. 미개인은 자기 자신으로만 산다. 그런데 사회적 인간은 언제나 외부와 교류하며 타인의 의견으로만 살고, 말하자면 자기 자신의 존재에 대한 감정을 단지 타인의 판단에서만 끌어낸다. 그토록 아름다운 윤리적인 말과 함께 어떻게 이 같은 기질에서 선과 악에 대한 그 엄청난 무관심이 생겼는지, 그리고 명예, 우정, 미덕 그리고 종종 심지어 악덕에 이르기까지 자랑으로 여기는 비결을 알아서 어떻게 모든 것이 외양으로 귀착되어 인위적이고 꾸며진 것인지를 보여주는 것은 내 주제가 아니다. 한마디로 어떻게 그토록 다양한 철학, 인문학, 예의 그리고 숭고한 금언들 가운데서도 우리가 언제나 무언가를 타인에게 묻고, 그에 관해 우리 자신에게 물어볼 생각을 결코 하지 않으면서 우리는 미덕 없는 명예, 지혜 없는 이성 그리고 행복 없는 쾌락의 단지 눈속임의 하찮은 외양만을 가질 따름인지를 보여주는 것 또한 내 주제가 아니다. 이처럼 우리의 모든 자연적 성향을 변화시키고 타락시키는 것이 인간의 본래 상태가 아니고 단지 사회의 정신이며, 사회가 야기한 불평등이라는 것을 증명한 것으로 내겐 충분하다.

나는 불평등의 기원과 진보는, 정치 사회의 확립과 폐해를 오로지 이성의 빛에 의해 그리고 주권에 신권의 승인을 주는 신성한 도그마와는 별개로 인간 본성에서 추론될 수 있는 만큼 이러한 것들을 보여주려 애썼다. 따라서 자연 상태에서는 거의 존재하지 않았던 불평등이 우리 능력의 발전과 인간 정신의 발전에서 힘을 얻어 성장하고 소유권과 법의 확립에 의해 안정되고 합법적이 되는 것이다. 또한 유일하게 실정법에서 인정된 도덕적 불평등은 자연 상태의 불평등과 동등한 권리를 갖지 않을 때마다 자연법에 상반된다. 이것은 이 점에서 모든 문명사회에 군림하는 불평등의 종류에 대해 어떻게 생각해야 하는지를 결정해준다. 왜냐하면 자연법을 어떤 식으로 정의한다 할지라도 아이가 노인에게 명령하고 바보가 현자를 인도하며 수많은 사람들이 굶주리고 생필품이 없는 반면에 소수의 사람들에게는 모든 것이 남아도는 것 등은 명백히 자연법에 위배되기 때문이다.

주

〈원주 1〉

헤로도토스[64]가 이야기하기를, 가짜 스메르디스[65]가 살해된 후에 7
명의 페르시아 해방자들이 국가가 갖춰야 할 정부 형태에 관해 토론
하기 위해 모였을 때 오타네스는 공화국을 강력하게 찬성했다. 권력
자들은 그가 제국에서 가질 수 있는 권리의 요구뿐만 아니라, 백성
을 존중하도록 강요하는 정부의 한 형태를 죽음보다 더 두려워한 만
큼, 태수의 입에서 나왔기에 더 놀라운 의견이었다. 짐작할 수 있는
대로 오타네스의 의견은 받아들여지지 않았다. 그리고 군주 선출이
행해질 즈음 복종하기도 명령하기도 원치 않았던 그는 다른 경쟁자
들에게 왕좌의 권리를 기꺼이 양보하고 그 대가로 자신과 후손이 자
유롭고 독립적으로 살게 해 달라고 요구하여 그 요구가 받아들여졌
다. 설사 헤로도토스가 이 특혜에 둔 제약을 말해주지 않았더라도
그것은 어쩔 수 없이 가정해보아야 할 것이다. 어떤 종류의 법도 인
정하지 않고 어느 누구에게도 설명하려들지 않았다면 오타네스는
국가에서 만능의 권력을 가졌을 것이고 심지어 왕보다 더 강했을 것
이다. 하지만 이 경우에 그 같은 특권에 만족할 수 있는 사람이 특권

---

64 고대 그리스의 역사가.

65 BC6세기에 활동한 페르시아 키루스 대왕의 아들.

을 남용했을 것 같지는 않다. 사실 현명한 오타네스나 후손들 중 그 누구도 이 권리로 인해 왕국에 조금의 혼란도 일으킨 적이 없었다.

〈원주 2〉

첫 발을 내딛을 때부터 나는 철학자들이 존경할 만한 권위 가운데 하나에 확실히 의거하고 있다. 왜냐하면 그런 권위들은 오로지 그 것들만이 발견하고 느낄 수 있는, 견고하고 숭고한 이성에서 비롯되고 있기 때문이다.

"우리가 아무리 우리 자신을 아는 데 관심을 가지고 있어도 우리 것이 아 닌 다른 것을 더 잘 알고 있는 것은 아닌지 모르겠다. 자연에 의해 오로지 자기 보존만을 겨냥한 기관을 갖춘 우리는 그것을 단지 외부의 인상을 받 아들이는 데만 사용하면서, 외부로 퍼져 나가 우리 자신 밖에서 존재하려 고만 한다. 우리 감각의 기능을 증가시키고 우리 존재의 외적 범위를 확장 시키는 데 너무 몰입한 나머지 우리를 진정한 척도로 축소시키거나 우리 에 속하지 않는 모든 것을 우리로부터 분리시키는 내적인 감각을 거의 사 용하지 않는다. 그렇지만 우리가 우리 스스로를 알고자 한다면 이 감각을 사용해야 한다. 그것은 우리가 스스로를 판단할 수 있는 유일한 감각이다. 하지만 어떻게 이 감각이 활동될 수 있고 자신의 전체 영역을 부여받을 수 있을까? 그 감각이 깃들어 있는 우리의 영혼에서 어떻게 정신의 모든 환각 을 빼낼 수 있을까? 우리는 그것을 사용하는 습관을 잃었다. 그것은 우리 의 육체적 감각의 소란 한가운데서 움직이지 않고 남아 있으며 우리 정념 의 불에 의해 말라버렸다. 마음, 정신, 감각. 모든 것은 그러한 영혼에 반하 여 작동하고 있었다." 뷔퐁《박물지》〈인간의 본성에 대해〉.

〈원주 3〉

두 발로 걷는 오래된 습관에 의해 인체 형태가 만들어낼 수 있는 변화, 인간의 팔과 네발짐승의 앞발 사이에서 관찰되는 관계 그리고 걸음걸이에서 끌어낸 추론들은 우리에게 가장 자연스러운 것이었던 걸음걸이에 관해 의문을 갖게 했다. 모든 아이들은 팔다리를 다 써서 기기 시작하며 직립보행을 위해서는 우리의 본보기나 가르침이 필요하다. 심지어 호텐토트처럼 아이들을 방치해서 아주 오랫동안 손을 써서 걷게 하여 그들을 다시 일으켜 세우는 데 어려움을 겪는 미개 국가들도 있다. 서인도 제도의 카리브제도의 아이들도 마찬가지다. 네 발로 걷는 사람들의 예는 다양하다. 그 가운데 나는 1344년 헤센 근처에서 발견된 아이의 예를 인용해볼 것이다. 이 아이는 늑대들에 의해 키워졌고 그 후 하인리히 공의 궁정에서 자기 자신의 뜻대로 할 수 있다면 사람들 사이에서 사는 것보다 늑대들 곁으로 되돌아가고 싶다고 말했다. 이 아이는 늑대처럼 걷는 데 너무나 익숙해져 있어서 두 발로 선 채로 균형을 유지하도록 하기 위해서는 아이에게 부목 막대를 대줘야 할 정도였다. 1694년 리투아니아의 숲에서 곰과 함께 살다가 발견된 아이의 경우도 마찬가지였다. 콩디약이 말하기를 아이는 어떠한 이성의 표시도 없었고, 팔다리를 이용해서 걸었고 어떤 언어도 사용할 줄 몰랐으며 인간의 소리와 전혀 유사하지 않은 소리를 내고 있었다. 여러 해 전에 영국 궁정에 데리고 온 하노버의 어린 미개인은 두 발로 걷게 되기까지 온갖 어려움을 겪었다. 그리고 1719년에는 피레네 산맥에서 두 명의 미개인을 발견했는데 이들은 네발짐승과 같은 방식으로 산을 누비고 다녔다. 이에 대해 수많은 이점을 가진 손의 사용을 금하는 것이라고 반박하는 견해에 대해서, 원숭이의 예를 통해 손이 두 가지 방식으로 아주 잘 사용될 수 있다는 것을 보여주는 것 외에도, 이는 단지 자연이 인간을 자기가 가르친 방식과 다르게 걷게 만들어서가 아니라 인간이 자연의 가르침보다 더 편리한 방향으로 팔다리를 사용할 수 있음을 나는 증명할 것이다.

하지만 내가 보기에 인간이 두발짐승이라는 주장을 위해서는 훨씬 더 좋은 이유가 있는 것 같다. 첫째 우선 인간이 현재의 모습과 다른 모습일 수 있었지만 결국 현재의 모습이 되었다는 것으로는 일이 이렇게 되었다고 결론 내리기에 충분치 않을 것이다. 왜냐하면 이러한 변화의 가능성을 보여준 후에 그것을 인정하기 전에 적어도 그 진실함을 보여주어야 할 것이다. 게다가 만일 인간의 팔이 필요할 때 다리로 사용될 수 있는 경우라도 그것은 이 체계에 호의적인 단 하나의 관찰이며 이와 반대인 다른 관찰이 수없이 존재한다. 중요한 것은 다음과 같다. 인간의 머리가 몸에 달려 있는 방식으로 인해 그가 네 발로 걷는다면 다른 동물들이 그렇게 했고 인간이 서서 걸을 때 그런 것처럼 시선을 수평으로 향하는 대신에 시선이 똑바로 땅을 향해 버리는데 이는 개체의 보존에 아주 좋지 않다. 사람에게 없고, 두 발로 걷는 사람에게는 쓸모없는 꼬리가 네 발로 걷는 짐승에게는 유용하고 네 발로 걷는 짐승 중 꼬리가 없는 짐승은 없다. 사람에게는 여자의 젖가슴의 위치가 아주 좋아서 아이를 품에 안을 수 있는데, 네 발 달린 짐승의 입장에서 보면 위치가 아주 나빠서 어떤 짐승의 젖가슴도 그와 같은 위치에 있는 경우는 없다. 사람이 네 발로 걸을 경우 엉덩이 부분이 앞다리 역할을 하는 팔에 비해 지나치게 높아서 무릎을 꿇고 걸을 수밖에 없고 이 모든 경우 비율이 아주 안 좋아 거의 편하게 걸을 수 없는 동물이 되어 버린다. 만일 인간이 손과 발을 땅바닥에 댄다면 다른 동물에 비해 뒷다리의 관절이 하나 적어서, 즉 관골을 경골에 이어주는 관절이 모자라게 되고, 발끝만을 땅바닥에 붙인다면 복사뼈는 그것을 구성하는 뼈의 수가 많은 것은 차치하고라도 관골을 대신하기엔 너무 굵고, 또 척골과 경골과의 관절이 너무 가까워 이 위치에서는 인간의 발에 네발짐승과 같은 유연성을 줄 수 없을 것으로 생각된다. 자연의 힘이 아직 전혀 발달되지 않았고 사지도 굳어지지 않은 나이의 아이들의 예로는 아무것도 결론 내릴 수 없다. 그리고 또한 개가 원래 걷게 되어 있는 것이 아니라고 말하고 싶다. 왜냐하면 개들은 태어난 후 몇 주 동안 기어 다니기만 할 따름이기 때문이다. 특별한 사실은 모든 인간의 보편적 실행에 대항할 힘을 아직은 거의 갖고 있지 않다. 그리고 이는 다른 민족과의 의사소통이 전혀 없어서 그들을 모방할 것이 전혀 없었던 민족도 마찬가지다. 걸을 수 있기 전에 숲에 버려지고 어떤 동물에 의해 키워진 아이는 그 동물처럼 걸으면서 그를 키워준 이의 본보기를 따를 것이다. 자연이 주지 못한 편의를 습관이 그 아이에게 줄 수 있을 것이다. 손이 없는 사람들이 훈련 덕분에 우리가 손으로 하는 모든 일을 발로 할 수 있게 되는 것처럼 그들은 마침내 손을 발과 같은 용도로 쓸 수 있게 되었을 것이다.

〈원주 4〉

만일 독자 가운데 심술궂은 자연학자가 대지의 자연적인 비옥함의 전제에 대해 내게 이의를 제기한다면, 다음과 같은 글로 그에게 대답할 것이다.

"식물은 땅에서보다는 대기와 물에서 양분을 더 많이 얻어내므로, 부패하면서 식물은 땅에서 얻은 것보다 더 많은 것을 땅에 돌려준다. 게다가 숲은 물이 수증기가 되는 것을 멈추게 하며 빗물을 보존한다. 숲에서 이렇게 사람의 손길이 닿지 않고 오랫동안 보존되어온 지층이 식물을 위해 상당히 많이 증가할 것이다. 하지만 동물은 땅에서 받은 것보다 땅에 돌려주는 것이 적고, 인간은 불이나 다른 용도로 나무와 식물들을 어마어마하게 소비하여 사람이 거주하는 지방의 식물 지층이 감소하여 마치 중앙 아라비아의 사막이나 동양의 수많은 다른 지방의 토양처럼 된다. 아라비아 사막이나 동방은 가장 오래전부터 사람이 살 수 있는 기후였는데 이제 그곳에는 소금과 모래밖에는 없다. 왜냐하면 다른 모든 부분이 증발해버린 반면 식물과 동물에 고착된 소금은 남아 있기 때문이다." (뷔퐁, 《박물지》)

여기에다 최근 몇 세기 동안 발견된 거의 모든 무인도에 온갖 종류의 엄청난 나무와 풀이 뒤덮여 있었다는 것과, 사람이 살고 문명화됨에 따라 땅 전체에서 베어내야 했던 거대한 숲에 대해 역사가 우리에게 가르쳐주는 증거를 덧붙일 수 있다. 그에 관해 나는 또한 다음과 같이 세 가지를 주목할 것이다. 하나는 뷔퐁의 추론에 따라 동물에 의한 식물성 물질의 손실을 보충할 수 있는 식물이 있다면 그것은 잎과 윗부분이 다른 식물보다 물과 수증기를 더 많이 모아서 저장할 수 있는 나무라는 것이다. 두 번째는 땅의 파괴, 즉 식물에 알맞은 물질의 상실은 땅이 많이 경작될수록 그리고 보다 부지런한 주민들이 온갖 종류의 땅의 생산물을 더 많이 소비함에 따라 더 가속화됨이 틀림없다는 것이다. 세 번째이자 보다 중요하게 주목한 것

은 크기와 토질이 똑같은 두 곳의 땅에다 한쪽은 밤나무, 다른 한쪽
은 밀을 심어서 내가 직접 비교한 실험 결과 나무 열매가 다른 식물
들보다 동물에게 더 풍부한 먹거리를 제공한다는 것이다.

〈원주 5〉

네발짐승 가운데서 가장 보편적인 두 가지 육식 종 구별법이 있는데
하나는 이빨의 형상에서 다른 하나는 내장의 구조에서 알 수 있다.
말, 소, 양, 토끼처럼 초식만을 하는 동물들의 이빨은 모두 넓적하다.
하지만 고양이, 개, 여우, 늑대 같은 육식 동물들은 이빨이 뾰족하
다. 장기의 경우 열매를 먹고 사는 동물들에게는 육식 동물에는 없
는 결장 같은 기관들이 몇 개 있다. 그러므로 초식 동물과 같은 치
아와 장기를 가진 인간은 당연히 이 범주에 분류되어야 한다. 그리
고 해부학적 관찰이 이 의견을 확실히 해줄 뿐만 아니라 고대의 기
념물은 이 견해에 훨씬 더 우호적이다. 성 히에로니무스[66]는 말한다.
"디카이아르코스[67]는 《그리스의 생활》에서 다음과 같이 이야기하고
있다. 대지가 아직 비옥했던 사루트누스[68]의 치하에서는 누구도 살
코기를 먹지 않았고 모두 자연적으로 성장하는 과일과 채소를 먹고
살았다."(Lib.2, Adv. Jovinian.) 이것을 통해 내가 활용할 수 있는 많은
이점을 소홀히 하고 있음을 알 수 있다. 왜냐하면 먹이는 육식 동물

---

66 성 히에로니무스(345?~419?), 가톨릭 성인. 암브로시우스 · 그레고리우스 · 아우구
스티누스와 함께 라틴 4대 교부로 일컬어진다.

67 디카이아르코스(?~?), 고대 그리스의 페리파토스파(派) 철학자. 아리스토텔레스의
제자로 문학사 · 음악사 · 정치학 · 지리학 등 특수영역을 연구하였다. 그리스 문명사
(文明史)를 기술한《그리스의 생활》이 대표적 작품이다.

68 크로노스(Chronos)라고도 불리며 시간과 농경의 신이다.

사이 싸움의 거의 유일한 주제이고, 초식 동물은 그들끼리 지속적인 평화 속에 살고 있으므로, 만일 인류가 초식 동물 종에 속한다면 자연 상태에서 사는 것이 훨씬 더 쉽고 거기서 빠져나갈 필요라든지 기회는 훨씬 더 적을 것이 분명하기 때문이다.

〈원주 6〉

성찰을 요하는 모든 지식, 개념의 연쇄작용으로만 획득되고 단지 차례차례 완성되는 모든 지식은 완전히 미개인의 영역 밖인 것 같다. 동족과의 의사소통 부족 때문에, 즉 이런 의사소통에 필요한 도구의 부족 때문에 그리고 의사소통을 필수적인 것으로 만드는 필요성이 부족하기 때문이다. 그의 지식과 기술은 뛰고 달리고 싸우고 돌을 던지며 나무 위를 기어 올라가는 것으로 그친다. 하지만 그가 이 일밖에 못해도 그 일에 대해 그와 동일한 정도의 필요를 느끼지 않는 우리보다 훨씬 더 잘한다. 그리고 그 같은 일은 오로지 육체의 단련에만 달려 있어서 개인에서 개인으로의 전달과 진보도 할 수 없고, 그런 일의 숙련에는 최초의 인간이나 그 후손이나 편차가 거의 없다.

여행가의 보고서들에는 야만적이고 미개한 민족에게 있는 사람의 힘과 활력의 본보기가 가득하다. 여행가들은 야만인의 기교와 민첩함 역시 자랑한다. 그리고 사물을 관찰하는 데는 눈만 있으면 되므로 목격자가 확신하는 것을 믿지 못할 이유가 전혀 없다. 그래서 나는 수중에 있는 아무 책에서나 무작위로 몇 가지 예를 찾아낸다.

콜벤이 말하기를,

"호텐토트는 케이프타운의 유럽인보다 고기 잡는 것을 더 잘 이해한다. 그들의 기교는 그물, 낚시, 투창을 사용할 때, 그리고 강에서나 만에서 모두 동일하다. 또한 그들은 손으로도 물고기를 솜씨 좋게 잡는다. 수영에 있어서는 비교할 수 없는 솜씨를 지니고 있다. 그들의 수영 방식에는 놀라운 면이 있는데, 이는 그들만의 고유한 방법이다. 그들은 몸을 똑바로 팔은 물 밖으로 뻗은 채 수영을 해서 마치 땅 위를 걷는 것처럼 보인다. 바다가 아무리 성나고 파도가 집채만큼 높아도 그들은 물결 따라 춤을 추고, 코르크 조각처럼 오르락내리락한다." 같은 작가는 여전히 다음과 같이 말한다. "호텐토트는 사냥에 있어서도 놀라운 재주를 갖고 있고, 그들의 가벼운 달리기는 상상을 초월한다."

그는 그들이 이런 민첩함을 거의 악용하지 않는 것에 놀라고 있다. 그렇지만 그가 다음에 제시하는 예로 판단할 수 있는 것처럼 그런 일이 가끔은 일어난다.

"케이프타운에 내린 한 네덜란드 선원이 어떤 호텐토트를 고용해서 약 20파운드 무게의 담배를 들고 그를 따라오라고 했다. 그들 두 사람 모두 무리에서 어느 정도 떨어졌을 때 호텐토트는 선원에게 달리기를 할 줄 아는지 물어봤다. 달리기라고! 네덜란드 선원은 '그럼, 아주 잘 하지'라고 대답했다. 호텐토트는 다시 말했다. '그럼 해봅시다.' 그리고 그는 담배를 들고 달려서 순식간에 사라져버렸다. 이 경이로운 속도에 멍해진 선원은 그를 쫓아갈 생각을 전혀 하지 못했고, 이후 그의 담배도 담배 운반자도 결코 다시 볼 수 없었다.

그들은 유럽인이 전혀 근접할 수 없을 정도로 빠른 눈과 확실한 손놀림을 갖고 있다. 그들은 백보나 떨어진 곳에서 돌을 한 번 던져 작은 동전 크기의 표적을 명중시킨다. 더 놀라운 것은 우리처럼 목표물에 시선을 고정시키기는커녕 계속해서 몸을 움직이고 비튼다. 마치 그들이 던진 돌멩이가 보이지 않는 손에 의해 목표물까지 운반된 것 같다."

테르트르 신부는 희망봉의 호텐토트에 관해 지금 방금 읽은 것과 거의 같은 일을 서인도제도의 미개인들에 관해 말한다. 그는 특히 화살로 날아가는 새나 물 속의 물고기를 맞추고 나서, 잠수하여 낚아챌 때의 정확함을 칭찬한다. 북아메리카의 미개인 역시 그 힘과 재주로 유명하다. 다음에는 남아메리카 인디언들의 힘과 재주를 판단할 수 있는 예이다.

1746년에 부에노스아이레스의 한 인디언이 카디스에서 갤리선에 타는 벌을 받고서 총독에게 공개 축제 때 자신의 목숨을 걸어서라도 자유를 얻고 싶다고 말했다. 그는 수중에 밧줄 이외의 어떤 무기도 없이 가장 사나운 황소를 혼자 공격하여 쓰러뜨리고 사람들이 가리키는 부분을 밧줄로 맬 것이며, 안장을 놓고 고삐를 매고 올라타서, 가장 사나운 다른 두 마리의 황소도 사람들이 원하는 순간에 우리에서 끌어내 누구의 도움도 없이 바로 차례차례 무찔러 죽이겠다고 약속했다. 그렇게 하라는 허락을 받았다. 그 인디언은 약속을 지켰고 자신이 약속한 모든 일에 성공했다. 그가 거기서 취한 태도와 싸움의 모든 세부 사항에 관해서는 고티에의 《박물학 고찰》의 제1권을 참조해주기 바란다. 이 사실은 그 책의 262쪽에서 발췌한 것이다.

〈원주 7〉

뷔퐁은 말하기를

"말의 수명은 다른 모든 종류의 동물과 마찬가지로 성장 속도에 비례한다. 성장하는데 14년이 걸리는 사람은 그 시간의 6-7배, 즉 90 혹은 100세까지 살 수 있고, 성장이 4년 만에 이루어지는 말은 그 6-7배, 즉 25년 혹은 30년을 살 수 있다. 이러한 규칙에 상반되는 예는 아주 드물어서 결과를 도출할 수 있는 한 가지 예외로 고려할 필요가 없을 정도이다. 살찐 말은 날씬한 말에 비해 성장 속도가 더 빨라 사는 기간도 짧고 따라서 그들은 15세부터 늙은 말이 된다."

〈원주 8〉

나는 육식 동물과 초식 동물 사이에 앞(〈원주 5〉)에서 언급했던 것보다 훨씬 더 보편적인 차이점이 있다고 생각한다. 왜냐하면 앞에서 언급한 차이는 조류까지 확대되기 때문이다. 이 차이는 새끼의 수에 있는데 초식 동물은 한 번에 결코 두 마리를 넘지 않고 육식 동물은 대개 그 이상이다. 이 점에서 젖의 수를 통해 자연의 방향성을 알기 쉬운데, 암말, 암소, 암염소, 암사슴, 암양 등 초식 동물의 경우 암컷에게는 두 개의 젖가슴밖에 없고, 개, 고양이, 늑대, 호랑이 등의 암컷에게는 6-8개의 젖이 있다. 독수리, 매, 올빼미 그리고 닭, 거위, 오리 등 모든 육식 계열의 조류들도 많은 양의 알을 낳고 품는데, 그런 일이 비둘기, 멧비둘기, 그리고 곡식만을 먹는 새들에게는 결코 일어나지 않아서, 이런 조류는 한 번에 단 두 개의 알 밖에는 낳지 않는다. 이러한 차이의 이유는 다음과 같다. 초식 동물은 거의 온 종일 풀밭에 머물고 배를 채우는 데 어쩔 수 없이 많은 시간을 할애해야 하므로 여러 마리의 새끼에게 젖을 먹이기에 맞지 않을 것이다. 반면 육식 동물은 짧은 시간 안에 식사를 해결하므로 보다 쉽게 보다 자주 새끼들에게 되돌아가고 다시 사냥을 할 수 있어서 그렇게 많은 양의 수유를 감당해낼 수 있다. 이 모든 것에 대해서는 많은 특별한 관찰과 성찰을 해야 할 것이다. 하지만 여기서는 그렇게 할 수 없고 나는 그저 이 부분에서 가장 보편적인 자연의 체계, 인간을 육식 동물 부류에서 빼내서 초식 종 가운데 정리해야 할 새로운 이유를 제공하는 체계를 보여준 것으로 충분하다.

〈원주 9〉

어떤 유명한 작가는 인간 삶 중에서 선과 악을 계산하여 두 총합을 계산해보니 악이 선을 한참 넘어서며, 전체를 놓고 본다면 삶이 인간에게는 꽤 나쁜 선물이었음을 발견했다. 나는 그의 결론에 대해 전혀 놀라지 않는다. 그는 모든 추론을 사회인의 성립에서 끌어내고 있다. 그가 만일 자연인에까지 거슬러 올라갔다면 그가 아주 다른 결과들을 발견했을 것이고, 인간이 스스로 자초한 악 이외에는 거의 악을 가지지 않는다는 사실을 인정했을 것이며, 자연이 옳다는 것이 증명되었을 거라고 판단할 수 있을 거다. 우리가 이처럼 스스로를 그렇게나 불행하게 만든 것은 쉬운 일이 아니다. 한편으로, 그토록 학문을 깊이 탐구하고, 많은 기술을 발명하고, 힘을 많이 사용하고, 깊은 구렁을 메우고, 산을 깎고 바위를 깨고, 강은 항해할 수 있게 하고, 땅을 개간하고, 호수를 파고, 늪지를 말리고, 거대한 건물을 세우며, 바다를 배와 선원들로 채우는, 인간이 이룬 거대한 작업을 생각을 해보면, 그리고 다른 면으로 인류의 행복을 위해 이 모든 것에서 비롯된 참된 이익을 조금만 깊이 숙고하여 탐구해보면, 이러한 일들 사이에 군림하는 놀라운 불균형에 충격을 받을 수밖에 없다. 또는 인간의 맹목성을 한탄할 수박에 없다. 인간의 어리석은 거만과, 내가 잘 모르는 자기 자신에 대한 공허한 찬양을 키우기 위해 인간이 빠지기 쉽지만, 자비로운 자연이 인간으로부터 멀리 떼어 놓아준 모든 불행을 인간이 열심히 찾아다니게 하는 맹목성을 한탄할 수밖에 없다.

인간은 사악하다. 이어지는 슬픈 경험으로 인해 그 증거가 필요 없다. 그렇지만 인간은 본래 선하며 나는 그것을 증명해 보였다고 생각한다. 그렇다면 인간의 성립 과정에의 갑작스러운 변화가 아니라면, 인간이 이룩한 진보 그리고 인간이 얻은 지식이 아니라면 무엇이 인간을 이 정도로 타락시킬 수 있을까? 할 수 있는 만큼 인간 사회를 찬양하기를, 그래도 역시 인간 사회는 사람들의 이해관계가 얽히면 얽힐수록 서로 증오하고, 겉으로는 서로에게 도움을 주는 것 같지만 실상은 서로에게 상상할 수 있는 모든 악행을 범하도록 만든다. 공공의 이성이 사회단체에 설파하는 금언과 정반대되는 금언을 각 개인의 이성이 말하고, 각자 타인의 불행에서 자기 이익을 구하는 교류에 대해 어떻게 생각하면 좋을까? 아마도 부자 가운데 탐욕스런 상속자들, 종종 그의 친자식들이 은밀히 그의 죽음을 바라지 않는 경우가 없고, 배의 난파가 어떤 상인에게는 좋은 소식이지 않은 경우가 없고, 채무자가 집에 있는 모든 서류와 함께 집이 불타버리길 바라지 않는 경우가 없고, 이웃의 불행을 즐기지 않는 민족은 없다고 말할 수 있다. 바로 이렇게 해서 우리는 동족의 편견 가운데서 우리의 이익을 구하고 누군가의 상실은 거의 언제나 다른 이의 번영을 만들지만, 이보다 더 위험한 것은 공적인 불행을 수많은 개인이 기다리고 희망한다는 사실이다. 어떤 이는 질병을 다른 이는 훈계를 또 어떤 이는 전쟁을, 또 누군가는 기근을 원한다. 나는 풍년이 든 모습을 보고 고통스럽게 울어대는 끔찍한 사람들을 본 적이 있다. 그리고 수많은 불행한 사람들의 생명과 재산을 앗아간 끔찍한 런던 대화재는 아마도 만 명 이상에게는 재산을 늘릴 수 있는 계기가 됐을 것이다. 아테네 사람 데마데스가 시민들의 죽음으로 관을 비싸게 팔아 많은 돈을 벌었다고 해서 노동자를 벌 받게 했다고 몽테뉴가 비난한 사실을 알고 있다. 하지만 몽테뉴가 주장한 이유가 모든 사람을 벌해야 한다는 것이므로, 그것이 내 주장을 입증하고 있음은 분명하다. 그러므로 우리의 위선적인 호의의 표시를 통하여 마음속 깊은 곳에서 일어나는 일을 통찰하시길. 그리고 모든 사람들이 어쩔 수 없이 서로 아첨하면서 서로를 파괴하는 상태에서 그리고 의무 때문에 적이 되고 이해관계로 인해 교활한 간신배가 되는 상태에서 어떻게 될지 생각해보기를. 만일 누군가 내게 사회가 아주 잘 구성되어져서 각 개인은 타인에게 봉사함으로 득을 본다고 대답한다면, 나는 그가 타인에게 해를 끼쳐서 더 많은 이득을 보지 않으면 다행이라고 대답할 것이다. 불법적인 이익을 넘어서는 합법적인 이익은 없고, 이웃에게 행하는 잘못은 언제나 선한 보답보다 더 이득이 된다. 그러므로 남는 문제는 단지 처벌받지 않을 확실한 수단을 찾는 것에 불과하고, 바로 이 일에 강자들은 온 힘을 기울이고 약자들은 온갖 계략을 동원한다.

미개인은 식사를 마치면 자연 전체와 평화를 이루고 그의 동족 모두와 친구가 된다. 때때로 음식을 두고 다투는 것이 문제될까? 그는 다른 곳에서 먹거리를 찾는 어려움과 정복하는 어려움을 미리 비교해보지 않고서는 결코 싸움에 이르지 않는다. 그리고 싸움 속에 허영심이 섞여 있지 않으므로 싸움은 몇 차례의 주먹질로 끝난다. 승리자는 먹고 패배자는 다른 곳에서 행운을 찾으러 가며 모든 것은 평화로워진다. 하지만 사회인에게 있어서 이는 완전히 다른 문제이다. 우선 필요한 것을, 그런 다음 잉여의 것을 마련하는 문제이다. 그다음에 쾌락, 그리고는 거대한 풍요 그리고는 백성과 노예가 생긴다. 그에게는 한순간의 휴식도 없다. 더 이상한 것은 필요가 자연스럽고 급한 것이 아닐수록 정념은 더 커지고 더 최악은 그것을 만족시킬 힘도 증가한다는 점이다. 그래서 오랜 번영 후에, 많은 보물을 집어 삼키고 많은 사람들을 황폐화시킨 후에 나의 영웅은 결국 그가 우주의 유일한 주인이 될 때까지 모든 것을 희생시킬 것이다. 이것이 요컨대 인간 삶은 아니더라도 적어도 모든 문명인의 마음속 은밀한 요구의 축약된 정신적인 묘사이다.

문명인의 상태와 미개인의 상태를 아무런 편견 없이 비교해보길. 그리고 할 수 있다면 미개인의 사악함, 욕구 그리고 비참함은 별도로 문명인이 얼마나 고통과 죽음에 새로운 문을 많이 열어두었는지 관찰해보길. 우리를 속상하게 하는 정신적 고통, 우리를 지치게 하고 괴롭히는 과도한 정념, 가난한 이들을 짓누르는 과도한 노동, 부자들이 빠져 버리는 더 한층 위험한 방탕한 생활, 어떤 이는 그 욕구로 다른 이는 그 지나침으로 죽게 만드는 이런 것에 대해 여러분이 성찰한다면, 또 음식의 이상한 혼합, 해로운 조미료, 부패한 식료품, 변조된 약제, 그런 것을 파는 상인의 사기 행위와 그것을 관리하는 자의 과실, 제조 용기의 독 등을 여러분이 생각한다면, 그리고 과도한 인구밀집으로 인한 오염된 공기가 초래한 전염병, 취약한 생활 양식이나 집 안팎을 드나들면서 생기는 병, 너무 조심성 없이 입고 벗는 의복의 사용법, 과욕에 의해 습관이 되어버려 소홀히 하거나 부족하게 되면 마침내 생명 또는 건강을 잃게 되는 '의학적인' 조치 때문에 일어나는 병 따위에 여러분이 주의를 기울인다면, 또 많은 도시를 전멸시키거나 전복시키거나 하여 주민을 수천 명이나 죽게 한 화재나 지진을 생각한다면, 요컨대 이 모든 원인이 계속해서 우리 머리 위에 더 쌓이는 위험을 다 합쳐 생각할 때, 우리가 자연의 교훈을 경멸한 일에 대해 자연이 어떻게 우리에게 대가를 치르게 하고 있는가를 알 수 있을 것이다.

나는 전쟁에 관해 다른 곳에서 이야기 한 것을 여기서 되풀이하지는 않을 것이다. 하지만 교양 있는 사람들이 한번은 대중에게 군대 안에서 식량과 병원의 계약자들이 저지르는 끔찍한 일의 세부 사항을 알려주거나 그럴 용기를 가져줬으면 한다. 그렇게 되면 사람들은 그리 은밀할 것도 없는 그들의 조작 때문에 아무리 뛰어난 군대라도 아무것도 아닌 것에 무너지게 만들고, 강력한 적의 무기에 의한 것보다 더 많은 군인들이 쓰러진다는 사실을 알게 될 것이다. 기아, 괴혈병, 해적, 화재 또는 배의 난파로 인해 매년 바다가 삼키게 되는 인간의 수도 그에 못지않게 놀라운 수에 이르고 있다. 암살, 독살, 강탈, 심지어 이런 범죄에 대한 처벌조차도 역시 소유의 제도, 그리고 사회 탓으로 돌려야 함은 명백한 일이다. 왜냐하면 이런 범죄에 대한 처벌은 더 큰 악을 예방하기 위해서는 필요하지만, 한 사람의 살해에 대해 두 사람 혹은 그 이상의 생명을 잃게 하는 것이므로, 실상 인류의 손실을 배로 늘리는 것이다. 인간의 탄생을 방해하고 자연을 속이는 수치스러운 수단이 얼마나 많은지 모른다. 때로는 자연이 만든 가장 매력적인 작품을 모욕하는 야만적이고 타락한 취미, 미개인도 동물도 몰랐던 취미, 다만 타락한 상상력으로 문명국에 생긴 그 취미에 의해, 때로는 방탕과 불명예의 결실에 적합하고, 은밀한 좌절에 의해, 때로는 부모들의 가난이나 엄마들의 뻔뻔한 수치심의 희생양인 수많은 아이들의 유기나 살해에 의해서, 끝으로 자신의 일부분과 자손의 모든 것이 공허한 노래 때문에 혹은 그보다 더 나쁜 일로는 몇 사람들의 잔인한 질투심 때문에 희생물로 바쳐지는 불쌍한 사람들의 신체훼손에 의해 이루어지고 있는 것이다. 더구나 신체훼손의 경우 이것을 당하는 사람들이 받는 대우로 보더라도, 또 그들이 쓰이는 목적으로 보더라도 이중으로 자연을 모욕하고 있는 것이다. 만일 인류가 그 근원에 있어서 그리고 모든 관계들 가운데 가장 성스러운 관계에서까지 공격받고 있다는 것을 내가 보여주려 한다면 어떻게 될까? 그런 상태에서는 운명을 고려하기 전까지는 아무도 감히 자연에 귀 기울일 생각을 하지 않으며, 또 사회의 무질서가 미덕과 악덕을 혼동하여 성적인 금욕이 죄의 예방이 되고, 동포에게 생명을 주는 일을 거절하는 것이 인도적 행위가 되어버린다. 하지만 수많은 두려움을 가리고 있는 베일을 찢을 생각은 하지 말고 다른 이들이 치료해야 할 악을 지적하는 것으로 그치자.

이 모든 것에 광산 노동과 금속, 특히 납·동·수은·코발트·비소·계관석 따위의 조제처럼 수명을 단축하거나 체질을 파괴하거나 하는 건강에 유해한 많은 직업을 더해보자. 그 밖에 지붕 잇기나 목공, 미장이, 석공 등 매일매일 많은 노동자의 목숨을 앗아가는 위험한 직업을 추가해보자. 이 모든 대상들을 모아보기를. 그렇게 하면 여러 철학자들이 관찰한 종의 감소 이유를 사회의 성립과 완성 속에서 인정할 수 있을 것이다.

사치는 자신의 안위와 타인의 존경을 열망하는 사람들에게는 예방할 수 없는 것이기에 이 사회가 시작한 악을 완성하는 것이다. 그리고 만들지 말았어야 할 가난한 이들을 먹여 살린다는 구실 아래, 사치는 나머지 모든 이를 가난하게 하고 국가의 인구를 감소시킨다. 사치는 치료가 가능하다고 주장하는 악보다 훨씬 나쁜 요법이다. 아니 사치 자체가 어떤 국가에 있어서 크든 작든 모든 악 가운데 최악의 것이며, 사치가 만들어낸 수많은 하인이나 쓸데없는 자들을 먹이기 위해 농민이나 시민을 짓누르고 빈털터리가 되게 한다. 사치는 마치 푸르게 자라는 풀이나 나무에 해충을 들끓게 하여, 유익한 동물의 먹이를 빼앗고, 바람이 느껴지는 모든 장소에 기아와 죽음을 가져오는 뜨거운 남풍과도 흡사하다.

미술공예나 상업, 문학, 그 밖의 산업을 번창하게 하고 국가를 넉넉하게 했다가 끝내는 망하게 하는 그 모든 쓸모없는 것들이 사회와 그 사회가 만들어낸 사치로부터 생겨난다. 이 쇠퇴의 이유는 아주 간단하다. 농업이 본래 모든 기술 중에서 가장 이득이 적다는 사실은 쉽게 알 수 있다. 왜냐하면 농업 생산물은 아무래도 모든 인간이 가장 필요한 것이므로 가격이 가장 가난한 사람들의 능력에 맞춰져야 하기 때문이다. 같은 원리에서 일반적으로 기술은 효용성에 반비례하여 이익이 있고, 가장 필요한 것이 결국은 가장 소홀히 여겨진다는 규칙을 끌어낼 수 있다. 이를 통해 산업의 진짜 이익과 그 산업의 진보에서 생기는 실제 효과가 어떠한지를 알게 된다.

이러한 것이 가장 찬양받는 국가들마저도 부유해서 빠져드는 온갖 불행의 민감한 원인들이다. 산업이나 기술이 보급되고 개화되자

농민은 멸시 받으며 타인의 사치 유지에 필요한 세금을 떠안고 노동과 기아 사이에서 일생을 보내게 되어 논밭을 버리고, 자신이 빵을 가져다 줘야 할 도시에 빵을 구하러 가게 된다. 도시가 어리석은 백성의 눈을 경탄케 하면 할수록 논밭은 버려지고 토지는 황폐해져서 길에는 불행한 시민들이 넘치는 것을 보고 한탄할 수밖에 없을 것이다. 이 시민들이 거지나 도둑이 되어 언젠가는 처형당하거나 궁핍한 가운데 그들의 비참한 생을 마감할 운명에 처하게 된다. 이렇게 해서 국가는 한편으로는 부유해지면서도 다른 한편으로는 약해지고 인구가 감소된다. 그리고 가장 강력한 왕국들도 풍요로우면서도 인구를 감소시키는 일을 많이 함으로써 마침내는 가난한 나라의 먹이가 된다. 이 빈국은 부국을 침략하려는 유혹에 빠져, 이번에는 빈국들이 부유해졌다 곧 약해지며, 마침내 그 나라들도 다른 나라에 점령당해 파괴된다.

수세기 동안 유럽, 아시아 그리고 아프리카에 넘쳐난 구름떼 같은 야만인 무리를 만들어낸 것이 무엇인지 누가 좀 설명해주면 좋겠다. 그들이 이렇게 많은 인구를 갖게 된 것은 발달한 기술, 현명한 법률 그리고 훌륭한 경찰 덕분이었을까? 어째서 지식도 억제력도 교육도 없는 이들이 먹이나 사냥감을 두고 다투기 위해 매순간 모두 서로의 목을 조르지 않는지 학자들이 우리에게 말해주길. 그처럼 비참한 자들이, 어떻게 그토록 훌륭한 군사훈련과 규율과 현명한 법을 가지고 있는 숙련된 사람들, 즉 우리 선조들에게 대항할 만한 대담함을 가질 수 있었는지 설명해줬으면 좋겠다. 끝으로 북쪽 나라들에서 사회가 완성된 이래 함께 유쾌하고 평화롭게 살아가는 기술과 상호간의 의무를 사람들에게 가르치려고 그토록 애썼는데도 예전에 만들어낸 그 많은 사람들 가운데서 그런 사람이 전혀 보이지 않는 것은 왜일까? 나는 누군가 결국 다음과 같이 대답하려 하지 않을까 걱정된다. 즉 모든 위대한 것들, 예술, 과학 그리고 법률 등은 우리가 사는 세상이 너무 좁아질까 봐 과도한 종의 번식을 예방하기 위해 유익한 페스트와 같은 것으로 사람들에 의해 교묘하게 발명된 것이라고.

대체 무엇인가? 사회를 파괴하고 '네 것'과 '내 것'을 없애고 숲 속으로 돌아가서 곰들과 함께 살아야 한단 말인가? 내 적들이 이끌어낸 이 결론으로 나는 적들로 하여금 이 같은 결론을 끌어내는 수치를 그만큼 맛보도록 알리고 싶다. 오, 천상의 목소리에 전혀 귀 기울이지 않고 자기의 종족과 평화롭게 짧은 생을 마치는 일 외의 목적을 인정하지 않는 그대들이여, 치명적인 획득물, 불안한 정신, 부패한 마음, 광란의 욕망을 도시 한가운데 풀어놓을 수 있는 그대들이여, 이제 그대들에게 달렸으니 예전의 그리고 처음의 순진함을 되찾길. 숲으로 가서 그대들의 동시대인들이 저지른 죄악에 대해 보고 들은 것을 잊기를. 그리고 인류의 악덕을 포기하기 위해 계몽을 포기함으로써 그대 종의 가치를 떨어뜨리는 것을 두려워하지 말기를. 나와 같은 인간들은 그 정념이 태초의 단순함을 영원히 파괴해 풀과 도토리로 연명할 수도 없고, 법과 지도자 없이 살 수도 없다. 최초의 조상 때에 초자연적인 가르침의 영광을 받은 이들, 오랫동안 획득할 수 없었던 도덕성을 인간 행위에 처음부터 주려는 의도 속에 그 자체로는 별 것 아니고 완전히 다른 체계 속에서는 설명할 수 없는 교훈의 근거를 보게 될 사람들, 신의 소리가 전 인류를 천상의 빛(계몽)과 행복으로 초대했다고 확신하는 사람들, 그런 사람들은 자신들이 아는 일을 배우며 실행할 의무가 있는 미덕의 실행을 통해 그로부터 당연히 기대해도 좋은 영원한 보상에 잘 맞도록 노력할 것이다. 그들은 자신들이 속한 사회의 신성한 인연을 존중할 것이다. 그들은 동족을 사랑하고 온 힘을 다해 그들에게 봉사할 것이다. 그들은 법률, 그리고 입법가와 사법가에게 성실히 복종할 것이다. 그들은 언제나 우리를 짓누르려는 수많은 폐해와 악을 예방하고 고치며 완화할 수 있는 선량하고 현명한 군주들을 존경할 것이다. 그리고 그들은 두려워하거나 아첨하지 않고 훌륭한 지도자들에게 그 임무의 위대함과 의무의 엄격함을 보여주면서 그들의 열의를 북돋울 것이다. 하지만 그들은 여간해서 얻기 힘든 훌륭한 사람들의 도움으로만 유지되고, 그들이 아무리 주의를 기울여도 언제나 표면상의 이익보다 실제 해가 많이 생긴다는 사회 구성을 역시 경멸할 것이다.

〈원주 10〉

우리 스스로 혹은 역사가나 여행가를 통해 우리가 알고 있는 사람들 가운데는 흑인, 백인, 황인 등 다양한 인종이 있다. 머리가 긴 사람이 있는가 하면 곱슬머리인 사람도 있고, 털이 많은 사람이 있는가 하면 수염도 없는 이가 있다. 거인국이 있었고 아마 지금도 있을 수 있다. 그리고 과장에 불과할지 모르는 난쟁이 족의 이야기는 놔두고서라도 라포니안 지역[69] 사람들이나 특히 그린란드인이 보통 사람의 키보다 훨씬 작다는 것은 알려져 있다. 심지어 네발짐승처럼 꼬

---

69 스웨덴의 노르보텐주에 있는 자연보호지역. 선사시대 이래로 Saami족이 거주하면서 이동방목을 하고 있어 고대 인류사회 사회 발달의 한 단면을 보여주는 지역으로 지리학적, 생물학적, 생태학적 진행과정이 나타난다.

리를 가진 민족이 있다는 주장도 있다. 헤로도토스나 크테시아스[70]의 보고를 맹목적으로 믿지 않아도, 적어도 거기서 다음과 같은 아주 진실에 가까운 견해를 끌어낼 수는 있다. 즉, 온갖 민족이 오늘날보다 더 다른 생활 양식에 따르고 있던 고대를 충분히 관찰할 수 있었다면, 신체의 형태나 구조 등에 훨씬 두드러진 다양성이 인정되었을 것이다. 명백한 증거를 제공하는 이 모든 사실들은, 자신을 둘러싼 대상만을 바라보는 데 익숙한 사람들, 그리고 기후, 대기, 식량, 삶의 방식, 관습 일반, 그리고 특히 그것들이 오랜 세월에 걸쳐 지속적으로 작용할 때의 같은 원인들의 놀라운 효과를 모르는 사람들만을 놀라게 할 수 있을 따름이다. 오늘날은 무역, 여행 그리고 정복 등에 의해 다양한 사람들이 모이고 그들의 삶의 방식이 잦은 교류로 끊임없이 가까워지고 있어서 몇 가지 민족적 차이가 감소되었음을 알게 된다. 그리고 오늘날의 프랑스인은 이미 라틴의 역사가들에 의해 그려진 것처럼 체격이 큰 금발의 백인이 아니라는 것은 누구나 알 수 있다. 주민들의 타고난 체격과 피부색에 설사 금발에 백인인 노르만인과 프랑크인이 결합하여, 세월이 흘러 기후의 영향으로 제거되었는지도 모르는 부분을 로마인과의 잦은 교류로 다시 회복시켰음에 틀림없다 할지라도 말이다. 수많은 원인에 의해 인류 속에 생겨날 수 있고, 또 실제로 생겨온 다양성에 관한 이런 모든 관찰은 나에게 다음과 같은 의문을 갖게 한다. 즉 충분한 검토가 없어서인지 외형상의 약간의 차이 때문인지, 또는 단순히 말을 하지 않아서인지 여행

---

70 크테시아스Ctesias BC 416경 카리아 크니도스~? 페르시아와 인도에서 활동한 그리스의 의사 · 역사가.

가들이 짐승으로 간주한 인간과 비슷한 많은 동물이 사실 미개인이 아닌가 하는 의문이 든다. 옛날 숲 속에 흩어져 있던 인종이 잠재적인 능력을 발전시킬 기회가 없어 어느 정도의 완성에 도달하지 못하고 지금까지도 자연의 원시상태에 머물고 있는 것이 아닐까 하는 의문이 든다. 일례를 들어보자.

《여행기》의 번역자는 이렇게 말한다.

"콩고 왕국에서는, 동인도에서 오랑우탄이라 불리는 인류와 비비 원숭이의 중간 상태에 머물러 있는 큰 동물이 많이 발견된다. 로앙고 왕국[71]의 마음바 숲에선 두 종류의 괴물이 발견되었는데, '큰 쪽은 퐁고, 다른 것은 엔조코'라 불린다"라고 바텔[72]은 말하고 있다. 퐁고는 인간과 아주 유사하지만 그들이 더 통통하고 키가 훨씬 크다. 인간의 얼굴을 하고 있지만 눈이 푹 들어가 있다. 아주 긴 눈썹을 제외하고 손, 발 그리고 귀에는 털이 없다. 몸의 다른 부분에는 꽤 많은 털이 나 있으나, 그렇게 숱이 많지는 않고 색은 갈색이다. 끝으로 그들을 인간과 구별하는 유일한 부분은 다리인데, 그들의 다리에는 장딴지가 없다. 그들은 손으로 목의 털을 쥐고서 똑바로 걷는다. 그들의 은신처는 숲 속에 있다. 그들은 나무 위에서 자고 그곳에 비를 피하는 지붕 같은 것을 만들어 놓았다. 그들의 주식은 야생의 과일이나 호두이다. 고기는 절대로 먹지 않는다. 흑인들은 숲을 건너갈 때 밤 동안에 불을 지펴두는 습관이 있다. 그들은 아침에 자신들이 떠나면 퐁고가 불 둘레에 자리를 잡고 불이 꺼질 때까지 떠나지 않고 있는 것을 알게 되

---

71 15세기 유럽인이 건너오기 시작할 무렵 현재의 콩고 지역에 일종의 연방 국가 형태로 세워진 왕국.

72 바텔Andrew Battel(1589~1614), 영국의 여행가.

었다. 왜냐하면 풍고는 재주가 많기는 하지만 나무를 가져와서 불을 꺼트리지 않을 정도의 지각은 충분치 않기 때문이다.

그들은 때때로 무리지어 다니고 숲을 건너는 흑인을 죽이기도 한다. 그들은 자신들이 살고 있는 곳에 풀을 뜯으러 오는 코끼리와 맞닥뜨리는 일도 있는데, 이럴 때면 주먹이나 막대기로 세게 후려쳐서 코끼리들이 비명을 지르고 도망치게끔 한다. 사람들이 풍고를 생포하는 경우는 결코 없다. 왜냐하면 풍고는 매우 건장해서 그들을 잡으려면 장정 열 명으로도 부족하다. 하지만 흑인들은 풍고의 어미를 죽인 뒤에 어미의 몸에 매달려 있는 어린 풍고를 많이 붙잡는다. 풍고 가운데 한 마리가 죽으면 다른 풍고들이 나뭇가지나 잎으로 그의 시신을 덮어준다. 퍼처스[73]가 덧붙이기를 그가 바텔과 나눈 대화중에 어떤 풍고 한 마리가 바텔이 데리고 있던 흑인의 아이를 채어갔고, 그 아이는 그 동물들 사회에서 한 달을 보냈다는 사실을 들었다고 했다. 왜냐하면 그들은 이 흑인 아이가 관찰하듯이 적어도 인간이 그들을 물끄러미 쳐다보지 않는 한, 인간을 습격하기는 해도 해를 가하지는 않기 때문이다. 바텔은 또 다른 종류의 괴물[74]에 대해서는 이야기하지 않았다.

다퍼[75]가 확인한 바에 따르면, 콩고에는 인도에선 오랑우탄, 즉 '숲 속의 거주자'라는 이름을 갖고, 또 아프리카인이 쿠오자 모로라 부르고 있는 동물이 많이 있다고 한다. 이 동물은 인간과 아주 흡사하여 몇몇 여행가의 머리에 이 동물이 여자와 원숭이 사이에서 태어났을지 모른다는

---

73 퍼처스Samuel Purchas(1577~1626), 여행과 발견에 관한 글을 수집한 영국의 편집자.
74 엔조코를 일컬음.
75 다퍼Olfert Dapper(1635~1689), 독일의 물리학자이자 저술가. 여행 경험을 바탕으로 역사와 지리에 관한 저서들을 발표.

생각이 들 정도이나, 이는 흑인들도 거부하는 공상이다. 이 동물 한 마리가 콩고에서 네덜란드로 운반되어 오라니에 공 프리드리히 하인리히에게 바쳐졌다. 세 살짜리 아이만한 키에 보통 정도 몸집이지만 아주 단단해 보이고 균형 잡힌 몸을 하고 있었고 아주 민첩하며 활발했다. 그리고 다리는 통통하고 튼튼했고 몸 전면에는 털이 없지만 등은 검은 털로 덮여 있었다. 언뜻 보면 사람의 얼굴과 비슷하나 코가 납작하고 들창코였다. 귀도 사람 귀와 똑같았다. 암컷이었으므로 가슴은 포동포동하고 배꼽은 쑥 들어가고 어깨는 벌어졌으며 손은 엄지손가락과 나머지 손가락으로 갈라졌고 장딴지와 뒤꿈치는 살이 통통했다. 자주 똑바로 서서 걷고 꽤 무거운 짐을 들어올리기도 하고 운반할 수도 있었다. 술이 마시고 싶으면 그는 한 손으로 항아리 뚜껑을 잡고 다른 한 손으로는 바닥을 받쳤다. 그리고는 우아하게 입술을 닦았다. 잘 때는 베개를 베고 마치 침대에서 자고 있는 사람처럼 솜씨 좋게 몸을 가리고 잤다. 흑인들은 이 동물에 대해 기이한 이야기를 한다. 그들은 이 동물이 부인들이나 처녀들을 범할 뿐 아니라 무장한 남자까지도 대담하게 공격한다고 단언하고 있다. 한마디로 그것이 고대인들의 사튀로스[76]로 보이는 점이 많이 있다. 메롤라[77]가 흑인들이 사냥에서 야생의 남녀를 붙잡는 일이 종종 있다고 이야기할 때 아마도 그는 이 동물에 대해 말하고 있는 것 같다.

인간의 모습을 한 이런 종류의 동물들에 대해서는 같은 《여행기》의 제3권 〈베고〉와 〈만드릴〉의 이름으로 더 많이 나와 있다. 하지만

---

[76] 그리스 신화에 나오는 괴물. 상반신은 사람이고 양의 다리를 가졌다.
[77] 이탈리아의 선교사. 1682년 《콩고 여행기》를 썼다.

앞의 보고에 한정하면 소위 추측된 괴물의 묘사에서 인류와의 뚜렷한 일치점이 발견되며, 차이점은 인간 사이에서 지적되는 것보다 오히려 적다. 문제가 된 동물에 저자들이 미개인이라는 명칭을 부여하지 않는 근거가 될 만한 문장을 찾아볼 수 없다. 하지만 그것이 그들이 어리석기 때문이고 또 그들이 말을 하지 않았기 때문이라는 것을 쉽게 추측할 수 있다. 이는 발성 기관은 인간에게 자연스럽다 할지라도 말 자체는 인간에게 자연스럽지 않다는 것을 알고 있는 이들에게, 또 인간의 개선 가능성이 문명인을 어느 정도까지 원시상태 이상으로 높일 수 있는지를 알고 있는 이들에게는 빈약한 이유이다. 이러한 묘사를 포함하는 부분이 적은 것으로 봐서 우리는 이 동물이 얼마나 충분히 관찰되지 않았는지, 또 어떤 편견으로 그 동물을 보았는지를 판단할 수 있을 것이다. 이를테면 그들은 괴물로 규정되지만 그들이 아이를 낳는다는 것은 인정하고 있다. 어떤 부분에서 바텔은 퐁고가 숲을 지나가는 흑인을 죽인다고 말한다. 다른 부분에서 퍼처스는 흑인들이 퐁고를 물끄러미 바라보지만 않는다면 그들을 놀라게 할 때조차 어떤 해도 가하지 않는다고 덧붙이고 있다. 퐁고들은 흑인들이 불 주위에서 사라지면 불 주위에 모여들고, 불이 꺼지면 그들도 사라진다. 이것이 사실이고, 관찰자의 설명은 다음과 같다. "그들의 솜씨가 대단하긴 하지만 나무를 넣어서 모닥불을 꺼지지 않게 할 정도의 지각은 없기 때문이다." 바텔과 그의 편찬자 퍼처스는 퐁고의 물러남이 그들의 의지라기보다는 어리석음 때문이라는 것을 어떻게 알 수 있었을지 내가 추측해보고 싶다. 로앙고와 같은 기후에서 불은 동물들에게 그렇게 필요한 것이 아니다. 그리고 흑인들이 불을 피운다면 그것은 추위를 피하기 위해서라기보다는 사나운 짐승들에게 위협을 주기 위해서이다. 그러므로 얼마간 불을 즐기거나 몸을 녹인 후 퐁고는 같은 장소에 있는 것에 싫증이 나서 먹이를 찾아 떠나는 것이 아주 자연스러운 일이다. 그들이 육식을 한다면 이 먹거리 찾기에는 시간이 더 많이 걸리게 된다. 게다가 인간도 예외는 아니며, 대부분의 동물은 본래 게으르고 꼭 필요하지 않는 한 여러 가지 일을 싫어한다는 것은 알려져 있다. 끝으로 그 기교와 힘에 대해 칭찬받고, 시신을 매장하고 나뭇잎으로 지붕을 이을 줄 아는 퐁고가 장작을 불 속에 넣는 일을 몰랐다는 것은 상당히 이상해 보인다. 나는 사람들이 퐁고가 할 수 없다고 생각하려는 이 일을, 원숭이가 하는 것을 본 기억이 난다. 당시 내 생각이 이쪽으로 향하고 있진 않았으므로, 여행가들에 대해 지금 내가 비난하고 있는 오류를 나 자신이 범했고, 또 원숭이의 의도가 실제로 불을 유지할 작정이었는지 아니면 단순히 내가 믿고 있는 것처럼 인간 행위를 모방하는 일이었는지에 대한 조사를 게을리 한 것은 사실이다. 어쨌든 원숭이가 인간의 한 변종이 아니라는 것은 논증이 잘 되고 있다. 그것은 원숭이가 단지 말하는 능력이 부족해서가 아니라 특히 인류의 고유한 특징인 자기 개선 능력을 전혀 갖고 있지 않다는 사실이 확실하기 때문이다. 퐁고나 오랑우탄에 대해서도 이 실험이 이와 같은 결론을 끌어낼만한 충분한 관심과 함께 이루어졌으리라고는 생각되지 않는다. 만일 오랑우탄이나 그 밖의 것이 인류에 속해 있다면, 아무리 조잡한 관찰자들이라도 이것을 확인할 만한 수단은 있을 것이다. 하지만 이 실험을 위해 단 한 세대만으로는 충분치 않다는 것 외에도 이 실험은 실행 불가능한 것으로 여겨져야 한다. 왜냐하면 사실을 검증해야 할 시도가 아무런 선입견도 없이 이루어지기 전에 단순한 가정에 지나지 않는 것이 진실이라고 논증되어야 할 것이기 때문이다.

밝은 이성의 결실이 아닌 성급한 판단은 극단으로 치닫기 쉽다. 고대인들이 사튀로스, 파우누스(목양신), 실바누스(숲의 신) 등의 명칭아래 신으로 만든 존재들을 우리 여행가들은 퐁고, 만도릴, 오랑우탄 같은 이름으로 곧바로 짐승으로 만들어 버린다. 아마 좀 더 정확한 연구를 한다면 그들이 인간임을 알게 될 것이다. 그러기까지 이에 대해서는 상인 바텔, 다퍼, 퍼처스, 그 밖의 편찬자만큼 학식 있는 성직자이며 현장 목격자이기도 한, 또 극히 소박하면서도 재기에 넘치는 사람인 메롤라 또한 신뢰해도 좋다고 생각한다.

앞에서 이미 내가 말한 1694년에 발견된 아이, 어떠한 이성의 흔적도 없고 손과 발로 걸으며 아무런 말도 하지 못하고 인간의 음성과는 전혀 비슷하지 않은 음성을 내고 있던 아이를 이 관찰자들이 보았다면 어떤 판단을 내렸을까? 내게 이 사실을 알려준 철학자가 말하기를 "여전히 야만적인 방식이긴 하지만 몇 마디 말을 할 수 있기까지 상당히 오래 걸렸다."고 했다. 그가 말할 수 있게 되자마자 사람들은 그에게 최초의 상태에 관해 물었지만 그는 우리가 요람에서의 일을 기억하지 못하는 것처럼 그에 관해 기억하지 못했다. 불행하게도 이 아이가 우리 여행가들과 맞닥뜨렸더라면 그들은 틀림없이 그가 말을 못하고 어리석다는 것을 알고 그를 숲 속으로 다시 보내든가 동물원에 넣을 결심을 했을 것이다. 그리고 그들은 훌륭한 보고서에 이 아이를 인간과 흡사한 아주 신기한 짐승이라고 학자답게 말했을 것이다.

최근 삼사백 년 이래 유럽 사람들이 다른 여러 대륙에 들어가 계속 새로운 여행기나 보고서를 발표하고 있는데, 인간에 대해서 우리는 단지 유럽인밖에 모른다고 설득 당한다. 여전히 학식 있는 사람들 가운데도 사라지지 않는 우스꽝스러운 편견에서, 각자 인간 연구라는 거창한 이름 아래 단지 자기 나라 사람들에 대한 연구만을 하고 있는 것 같다. 개인들이 아무리 왕래해봐야 소용이 없다. 철학은 전혀 여행하지 않고 또한 각 민족의 철학은 다른 민족에게는 거의 적합하지 않은 것 같다. 적어도 먼 지역 사람들에게 이 이유는 명백하다. 장거리 여행을 하는 사람들은 선원, 상인, 군인 그리고 선교사등 네 부류의 사람들밖에 없다. 그런데 언급된 가운데 처음 세 부류에서 좋은 관찰자가 나오리라고 기대해서는 안 된다. 네 번째 부류로 말하자면 그들은 자신들의 소명에 전념하므로, 다른 이들처럼 신분에 대한 편견은 없을지라도 순수한 호기심에 속하는 듯하고 그들의 중요한 일에서 벗어나는 연구에 자발적으로 몰입하리라고 생각할 수 없다. 게다가 효과적으로 복음서를 설명하는 데는 열의만 있으면 되며 나머지는 신이 주게 된다. 그러나 인간을 연구하기 위해서는 신이 누구에게도 준다는 약속을 해 주지 않은 재능, 더구나 성자들에게 주어지지 않은 재능이 필요하다. 특성이나 풍습에 대한 묘사가 없는 여행서는 없다. 그러나 그처럼 많은 것을 기술한 그들이 누구나 이미 알고 있는 것들만을 적어 놓았고, 지구 반대편을 가도 자기 동네에서 한 발짝도 나가지 않고서도 알 수 있는 것들만을 알아차릴 따름이고, 정작 민족을 구분하고 보기 위해 만들어진 강렬한 인상을 주는 진짜 특징들은 거의 언제나 그들의 눈에서 벗어나 있었다는 것을 알고서 아주 놀라게 된다. 그로부터 철학적인 체하는 무리들이 그토록 반복해온 훌륭한 도덕의 격언이 나온다. 바로 인간은 어디서나 똑같다. 어느 곳에서나 같은 정념과 같은 악덕을 가지고 있으므로 여러 민족들을 특징지으려 애쓸 필요가 없다는 것이다. 이는 피에르와 자크에게는 모두 눈, 코, 입이 있으므로 그들을 구분할 수 없다고 말하는 것과 같은 말이다.

백성들이 철학하는 일에 끼지 않았던 시대, 하지만 플라톤, 탈레스, 피타고라스 같은 사람들이 알고자 하는 열망에 사로잡혀 오로지 알기 위해 아주 멀리 여행을 하고, 먼 곳까지 나가 민족적 편견의 멍에를 벗어던지고 공통점과 차이점으로 사람들을 아는 법을 배우며, 단순히 한 세기 또는 한 나라에 관한 지식이 아니라 모든 시대와 장소에 속하여 말하자면 현자들의 공통된 지혜인 보편적인 지식을 손에 넣으려 했던 행복한 시대를 이제 다시는 못 보게 될 것인가?

유적을 그리거나 비명(碑銘)을 해독하거나 탁본하기 위해 학자나 화가들을 데리고 많은 비용을 들여 동양으로 여행을 했거나 여행 경비를 댄 몇몇 호사가들의 너그러움을 찬양하는 이들이 있다. 하지만 훌륭한 지식을 뽐내는 세기에, 어떻게 한쪽은 돈으로 다른 한쪽은 재능으로 한 팀이 된 두 사람이 없는지 나는 이해하기 어렵다. 두 사람 모두 영광을 사랑하고 불사를 원하여, 한쪽은 재산 가운데 2만 에퀴를, 또 한쪽은 생명 가운데 10년을 들여 돌이나 초목이 아니라 이 번 한 번만은 인간이나 관습을 연구하기 위해 역사적인 세계 일주여행에 바치는 사람들, 그리고 집을 측량하고 시찰하는데 많은 세월을 보낸 후에 마침내 거주자를 알려고 하는 사람들 말이다.

유럽 북부와 미국 남부를 돌아다니고 온 아카데미 회원들은 철학자로서보다는 기하학자로서 그 지역들을 시찰하는 것이 목적이었다. 그러나 그런 지역들은 동시에 그 양쪽의 특성을 지니고 있으므로 라 콩다민[78]이나 모페르튀이[79]같은 사람들이 보고 기술한 그런 지방을 완전히 미지의 것으로 볼 수는 없다. 플라톤처럼 여행을 한 보석상 샤르댕은 페르시아에 대해 아무 기록도 남기지 않았다. 중국은 예수회 선교사들이 잘 관찰한 것 같다. 켐퍼[80]는 일본에서 본 얼마 안 되는 일에 대해 꽤 좋은 관념을 주고 있다. 이런 보고를 제외하면 우리는 오로지 머리보다는 지갑을 채우는 데만 관심 있는 유럽인들이 교류했던 동 인도인들을 전혀 알지 못한다. 피부색만큼이나 성격도 역시 특별한 아프리카와 그 수많은 거주민들은 여전히 검토되어야 한다. 지구 전체는 우리가 이름밖에 모르는 민족들로 뒤덮여 있는데, 우리가 인류 전체를 판단하는 일에 개입하고 있다니! 몽테스키외, 뷔퐁 혹은 디드로, 뒤클로나 달랑베르나 콩디약이나 그 밖에 그런 자질의 사람들이 그 나라 사람들을 교화하기 위해 여행하고, 그들에게 할 수 있는 것과 마찬가지로 터키, 이집트, 북아프리카의 바바리아 지방, 모로코 제국, 기니, 카프라리아 지방(동남아프리카), 아프리카 내륙과 그 동해안, 마라발 해안지방(인도 서남단), 무갈(인도), 갠지스 강 유역, 샴(태국), 페그, 아바(미얀마)의 여러 공화국, 중국, 타타르, 일본, 그리고 반대편의 멕시코, 페루, 칠레, 마젤란 해협 지방, 거기에 진짜 또는 가짜 파타고니아인, 투크만(아르헨티나), 파라과이도 잊지 않고, 가능하면 브라질이나 마지막으로 카리브나 플로리다, 그

---

78 라 콩다민Charles Marie de La Condamine(1701~1774), 프랑스의 탐험가, 지리학자, 수학자.

79 모페르튀이Pierre-Louis Moreau de Maupertuis(1698~1759), 프랑스의 수학자, 최소 작용의 원리를 발표.

80 켐퍼Kempfer(1651~1716), 독일의 의학자, 식물학자.

밖에 모든 미개 지역을 관찰하고 기술한다고 가정해 보자. 그것은 가장 중요한 여행이고 가장 주의 깊게 이루어져야 할 여행이다. 그 새로운 헤라클레스들이 이 기념비적인 여정에서 돌아와 자신들이 보고 온 사물의 자연적이고 도덕적이며 정치적인 역사를 쓴다고 가정해보자. 그렇게 하면 그들의 펜에서 하나의 새로운 세계가 생겨나는 것을 보게 될 것이다. 또 그렇게 해서 우리 세계를 아는 방법을 배울 것이다. 그런 관찰자들이 어떤 동물에 대해서는 사람으로, 또 다른 동물에 대해서는 짐승으로 단정할 때에는 그들의 말을 믿어야 한다고 나는 말해둔다. 하지만 이 점에 대해 조잡한 여행가들을 신뢰하는 것은 너무 단순한 생각이다. 그런 사람들은 다른 동물에 대해 의문을 해결하는 일에 개입하고 있는데, 사람들은 때때로 그와 같은 질문을 하고 싶어 하는 것 같다.

〈원주 11〉

이것은 더 없이 분명한 사실처럼 생각된다. 그리고 나는 우리 철학자들이 자연인에게 부여하는 모든 정념을 어디서 생겨나게 할 수 있는지 이해할 수 없다. 본성 자체가 요구하는 유일한 육체적 필요를 제외하고는 우리의 다른 모든 욕구는 다만 습관에 의해 그렇게 된 것이든가, 즉 습관이 생기기 전에는 욕구는 전혀 욕구가 아니었거나, 또는 우리 욕망에 의해 처음으로 욕구가 된 것일 것이다. 그리고 사람들은 알지 못하는 것은 절대로 탐내지 않는다. 따라서 미개인은 단지 자신이 알고 있는 것만을 열망하고 자신이 소유할 힘을 가지고 있는지 또는 얻기 쉬운 것인지만 알고 있을 뿐이므로 그의 영혼만큼 평온하고 그의 정신만큼 한정된 것은 아무것도 없다.

〈원주 12〉

나는 로크의 《시민정부론》에서 너무 그럴 듯해서 지나칠 수 없는 반론을 발견했다. 이 철학자는 다음과 같이 말한다.

"수컷과 암컷의 결합 목적은 단순히 생식이 아니라 종을 지속시키는 것이므로, 이 결합은 생식 후에도 적어도 새끼들의 양육과 생존에 필요한 기간만큼, 즉 새끼들이 스스로 욕구를 채울 수 있을 때까지 지속되어야 한다. 이 규칙은 창조자가 무한한 지혜로 자기 손으로 만든 작품에 정한 것으로 인간보다 열등한 피조물은 이러한 규칙을 변함없이 정확하게 지키고 있다는 사실을 알 수 있다. 초식 동물의 경우 수컷과 암컷의 결합은 짝짓기 행위보다 더 오래 지속되지 않는다. 왜냐하면 새끼들이 풀을 뜯어먹게 되기까지의 양육은 어미의 젖만으로 충분하므로 수컷은 새끼를 낳게 하는 데 그치고 그들의 생존에 전혀 도움이 되지 못하므로 이후로는 암컷이나 새끼에 대해 전혀 간섭하지 않는다. 그러나 육식 동물은 교류가 좀 더 오래 지속된다. 왜냐하면 어미는 자기 혼자만의 먹이로는 자신과 새끼들의 생존과 양육에 충분치 않고 먹이를 얻는 방법이 초식 동물보다 힘이 들고 위험이 따르므로, 이런 말을 써도 좋다면 그들의 공동 가족을 유지하기 위해서는 수컷의 도움이 필요하고 새끼는 스스로 먹이를 찾아 나갈 수 있게 되기까지 수컷과 암컷의 돌봄 없이는 생존할 수 없기 때문이다. 계속 먹이가 넉넉해서 수컷이 새끼를 키울 걱정을 하지 않아도 되는 장소에 있는 일부 가축용 조류를 제외하면 모든 조류들도 같은 경우이다. 즉 둥지 속의 새끼들이 먹이를 필요로 하는 동안, 그 새끼들이 날아다니며 먹이를 구할 수 있을 때까지는 수컷과 암컷이 그곳에 먹이를 날라다 주는 것이다.

그리고 내 생각에 바로 이 점이 유일한 이유는 아니더라도 인간 남녀가 다른 피조물보다 이성간 교류를 더 오랫동안 유지할 수밖에 없는 주된 이유인 것 같다. 그 이유란 여성은 임신할 수 있고 대개의 경우 앞의 아이가 부모의 도움 없이 살 수 있게 되어 자신의 요구를 충족시킬 수 있기 훨씬 이전에 또 임신을 하고 다음 아이를 낳는다. 그래서 아버지는 아이를 돌보고 게다가 그 기간도 오래 걸리므로 또 아이 엄마와 부부 관계를 만들어 생활을 계속하고 다른 동물보다도 훨씬 오랫동안 이 교류를 지속할 의무를 지게 되는데, 다른 동물은 다음 생식기가 오기 전에 새끼들이 스스로 생존해 나갈 수 있게 되므로 수컷과 암컷의 인연은 저절로 끊어지게 된다. 그리고 양쪽이 다 완전히 자유로운 상태로 돌아가며, 마침내는 동물에게 짝짓기를 권하는 계절이 되면 그들은 새로운 짝을 선택해야 한다. 여기서 우리는 창조주의 지혜를 아무리 찬미해도 부족할 것이다. 창조주는 인간에게 현재만큼이나 미래에 대비하기에 적합한 자질을 주어서, 결과적으로 인간의 결합이 다른 피조물의 암수 결합보다 훨씬 더 오래 지속되기를 원했고 또 그렇게 하였다. 그것은 이 일에 의해 남성과 여성의 삶의 기술이 훨씬 더 자극되고 그들의 이해관계가 한층 더 일치하여, 아이들을 위해 저축을 하고 재산을 남겨 주기 위해서였다. 왜냐하면 부부의 결합관계가 불안정하고 애매한 상태이거나 그 관계가 쉽게 소멸되는 것만큼 아이들에게 해로운 것은 없기 때문이다."

진실에 대한 애정 때문에 내가 이 반대론을 거짓 없이 서술하게 되었으며 해결은 아니더라도 최소한 밝히기 위해 몇 가지 고찰을 덧붙인다.

1. 나는 우선 과학적인 문제에 관해서 도덕적 증명은 그다지 큰 힘을 갖지 않으며, 도덕적 증명은 사실의 참된 실존을 세우는 것보다

는 오히려 현존하는 사실의 동기를 설명하는 데 더 도움이 된다는 데 주목할 것이다. 그런데 이러한 것이 방금 내가 인용한 인용문에서 로크 씨가 사용한 증명의 종류이다. 왜냐하면 비록 남녀 간 결합의 영속성이 인류에게 유익할 수 있다 해도 그것이 자연에 의해 그렇게 확립되었다는 결과가 나오지는 않는다. 그렇지 않다면 시민 사회, 예술, 교역 그리고 인간에게 유용하다고 주장하는 모든 것을 자연이 제정했다고 말해야 할 것이다.

2. 나는 로크가 맹수의 수컷과 암컷의 결합관계가 초식 동물보다 오래 지속된다는 것과 새끼를 키우는 데 수컷이 암컷을 돕는다는 것 등을 어디서 발견했는지 모르겠다. 왜냐하면 개, 고양이, 곰, 늑대 등이 말, 양, 소, 사슴, 또 그 밖의 다른 모든 네발짐승보다 암컷을 더 잘 알아보는지 우리는 알지 못하기 때문이다. 반대로 만일 암컷이 새끼를 지키기 위해 수컷의 도움이 필요하다면, 특별히 초식 동물의 경우가 그렇다고 생각된다. 그 이유는 어미가 풀을 먹기 위해서는 상당히 오랜 시간이 걸리고 또 그동안 어미는 새끼에게 소홀할 수밖에 없기 때문이며, 그에 반해 곰이나 늑대의 암컷은 먹이를 순식간에 먹어치우고 어미는 배고픔을 참지 않고서도 새끼에게 젖을 먹일 시간을 더 많이 갖게 되기 때문이다. 이 추론은 육식 동물과 초식 동물을 구별시켜주는 젖가슴과 새끼의 상대적인 수에 관한 관찰에서 확인되며, 그에 관해서는 〈주 8〉에서 이미 말했다. 이 관찰이 올바르고 보편적이라면 여성에게는 젖가슴이 두 개밖에 없고 한 번에 아이를 한 명만 낳으므로 이것이야말로 인류가 본래 육식 동물인지 의심하는 데 있어 또 하나의 유력한 근거가 된다. 따라서 로크의 결론을 끌어내기 위해서는 그 추리를 완전히 뒤집어야만 할 것 같다. 같

은 구분법을 조류에 적용해도 견고함은 없다. 왜냐하면 수컷과 암컷의 결합에 있어 멧비둘기보다 독수리나 까마귀가 더 지속적이라고 누가 믿을 수 있겠는가? 우리에게는 로크의 체계에 정반대되는 본보기를 제공해주는 두 종류의 새인 집오리와 비둘기가 있다. 낟알만 먹고 사는 비둘기는 암컷과 함께 새끼들을 키운다. 그 탐욕이 알려져 있는 오리의 수컷은 암컷도 새끼도 알아보지 못하고 그들의 생존을 전혀 돕지 않는다. 역시 거의 육식종인 암탉들 사이에서 수탉이 조금이라도 새끼를 위해 수고하는 것은 볼 수 없다. 만일 다른 종류에 있어 수컷이 새끼 양육을 암컷과 함께 한다면 그것은 처음에는 새들이 날 수도 없고 어미가 그들에게 젖을 줄 수도 없으므로, 적어도 한동안은 어미의 젖이 충분한 네발짐승보다도 수컷의 도움 없이 지내기가 훨씬 어렵기 때문이다.

3. 로크의 추론 전체에 토대로 사용된 주된 사실과 관련해서 불확실한 점이 많다. 왜냐하면 그가 주장하는 것처럼 순수한 자연 상태에 있는 여성이 보통 첫 아이가 필요한 것을 스스로 얻을 수 있기 훨씬 전에 또 임신을 해서 다음 아이를 낳는지를 알기 위해서는 로크가 한 적이 없고 그 누구도 할 수 없는 몇 가지 실험이 필요할 것이기 때문이다. 남편과 아내가 지속적으로 동거하는 상황에서 새로 임신하게 될 기회는 아주 많다. 따라서 순수한 자연 상태에서 우연한 만남이나 단순한 성적 충동이 혼인 상태에서보다 빈번한 결과를 초래했다고는 믿기 어렵다. 터울을 어느 정도 두는 것이 아마 아이들을 더 튼튼하게 만드는 데 기여할 것이고, 또 젊은 시절 임신 능력을 너무 남용하지 않았던 여성들의 경우, 그 능력이 보다 높은 연령까지 연장되는 것으로 보상받을 수도 있을 것이다. 아이들에 대해서

는 그들의 힘과 기관이 내가 말하는 원시 상태에서보다 지금 우리 시대에 더 늦게 발달한다고 믿을 만한 이유는 많다. 부모들의 체질에서 유래한 본래의 연약함, 그들의 팔다리를 감싸 거북하게 하는 배려, 그들이 키워진 환경의 나약함, 그리고 모유 이외의 다른 우유의 사용 등 모든 것은 그들 안에서 초기 본성의 발전을 방해하고 늦춘다. 수많은 사물에는 지속적으로 주의와 열의를 가지도록 강요하면서, 반면에 육체적인 힘을 키우는 데는 어떤 훈련도 하지 않아서 아이들의 성장을 교란한다. 따라서 처음에 정신에 온갖 부담을 주어 그들을 피곤하게 하는 대신, 자연이 그들에게 요구하는 끊임없는 운동으로 신체를 훈련시키면 아마 그들은 훨씬 빨리 걷고 행동하며 필요한 것을 자급할 수 있을 것이라고 생각된다.

4. 끝으로 로크는 기껏해야 여자가 아이를 낳았을 때, 남자가 여자 옆을 떠나지 않는 하나의 동기가 남자 안에 있을 수 있다는 것을 증명한 것이다. 하지만 그는 출산 이전 그리고 임신 기간 동안 남자가 여자 옆에 있어야 하는 것은 전혀 증명하지 못한다. 임신한 여자가 9개월 동안 남자에게 무관한 존재고 심지어 모르는 사람이 되어 버린다면 왜 그가 출산 후에 그녀를 보호할 것인가? 그는 왜 자신의 아이인지도 잘 모르고 그 출생을 결정하지도 미리 알지도 못하는 아이의 양육을 도울 것인가? 로크는 문제가 된 것을 분명히 전제하고 있다. 왜냐하면 문제는 남자가 왜 출산 후에 여자 옆에 머물러 있는지가 아니라 왜 임신 후에 그녀 곁에 머물러 있느냐는 것이기 때문이다. 욕망이 채워지고 나면 남자는 여자를 필요로 하지 않고 여자도 마찬가지다. 남자는 자신의 행동의 결과에 대해서는 조금도 신경을 쓰지 않거나 최소한의 개념도 갖고 있지 않을 것이다. 한

사람은 이쪽으로 다른 사람은 다른 쪽으로 사라져 버리고나서 9개월 뒤에 그들이 서로 알고 있었다는 기억을 가지고 있는 것 같지도 않다. 왜냐하면 한 사람이 생식 행위를 위해 한 사람을 좋아하게 되는 것과 같은 기억의 종류는 내가 본문에서 증명한 것처럼 여기서 문제되는 동물 상태에서 전제할 수 있는 것보다 인간의 지적 능력에서 더 많은 진보나 타락을 요구하기 때문이다. 그러므로 또 다른 여자가 그가 예전에 알고 있던 여자만큼 쉽게 남자의 새로운 욕구를 만족시킬 수 있다. 상당히 의심스러울 수는 있지만 마찬가지로 만일 또 여자가 임신 중에 같은 욕망으로 마음이 급하다면 역시 다른 남자가 그녀를 만족시킬 수 있다. 만일 자연 상태에서 여자가 임신 후에 사랑의 정념을 더 이상 느끼지 않는다면, 남자와의 교류에 있어서의 장애는 그만큼 더 커지게 된다. 그렇게 되면 그녀는 자기를 임신시킨 남자나, 또 다른 누구도 필요로 하지 않기 때문이다. 그러므로 남자가 한 여자만을 찾을 이유도 여자가 한 남자만을 찾을 어떤 이유도 없다. 그러므로 로크의 추리는 깨져버리고 이 철학자의 변증법으로는 홉스나 다른 사람들이 범한 잘못에서 그를 지켜주지 못한다. 그들은 자연 상태, 즉 사람들이 고립된 채 생활하고, 어떤 사람이 다른 어떤 사람의 옆에서 살아야 할 아무런 동기도 없고, 더 나쁜 경우는 사람들이 다른 사람들과 함께 살아야 할 아무런 동기도 없는 상태와 관련된 사실을 설명했어야 할 것이다. 그리고 그들은 여러 세기 동안의 사회, 즉 사람들이 언제나 서로 접하여 살아야 할 이유가 있는 이 시대를 넘어 그리고 어떤 사람이 어떤 남자나 여자 가까이 살아야할 시대를 넘어 앞으로 거슬러 올라갈 생각을 하지 않았다.

〈원주 13〉

나는 이 언어 성립의 이익과 불이익에 관련된 철학적인 고찰에는 손을 대지 않도록 주의해야겠다. 비속한 잘못을 공격하는 것은 내 몫이 아니다. 그리고 학식 있는 사람들은 자신들의 편견을 너무나 존중한 나머지 나의 역설을 인내하며 견딜 수 없다. 그러므로 다수의 의견에 때로는 감히 반대하는 편을 지지해도 비난받지 않았던 사람들에게 말하게 맡겨두자.

"만일 사람들이 끔찍하고 혼란스러운 많은 언어를 일소하여 기호나 동작이나 몸짓에 의해 모든 주제에 자기의 의견을 나타낼 수 있는, 유일하고 획일적인 방법에 숙달되도록 노력한다면, 인류의 행복에는 하나도 부족한 것이 없다고 말해도 될 것이다. 그런데 현재로서는 세속적으로는 우둔하다고 여겨지는 짐승이 이 점에서는 우리보다 훨씬 바람직한 상태에 있는 것처럼 보인다. 그들은 우리 인간보다 신속하게 보다 충실하게 통역 없이 자기감정과 사상을 다른 쪽에 전달할 수 있는 것이 아닐까? 특히 외국어를 쓸 때의 인간보다도 그 점에서 뛰어난 것이 아닐까?" 이삭 보시우스《가요와 음률의 특성에 대하여》

〈원주 14〉

플라톤이 불연속 양[81](정수)과 그 관계들의 개념은 최소한의 기술에도 얼마나 필요한지를 보여주어, 플라톤에 따르면, 마치 아가멤논이 자기 다리가 몇 개인지 그때까지 모르고 있었던 것처럼, 트로이를 포

위할 때 파라메데스[82]가 수를 발명한 것이라고 주장한 동시대 저자들을 조롱하는 것은 당연한 일이다. 사실 사람들이 수와 계산을 쓰지 않았다면 사회와 기술(학문)이 트로이를 둘러쌀 단계까지 이르지 못했을 것이라고 느껴진다. 하지만 다른 지식을 얻기 전에 수를 알아야 할 필요가 있다고 해서 수의 발명이 더 쉽게 고안된 것은 아니다. 수의 이름이 일단 알려지면, 그 의미를 설명하고 이름이 나타내는 관념을 환기시키는 일은 쉽다. 그러나 그것을 고안하기 위해서는 바로 이 관념을 생각해내기 전에, 말하자면 철학적 명상과 가까이하여 갖가지 존재를 그것들의 유일한 본질에 의해 더구나 다른 모든 지각과는 별개로 고찰하는 훈련을 해야 했다. 이는 대단히 힘들고 매우 형이상학적이고 자연으로부터 상당히 먼 추상이지만, 그것이 없으면 결코 그런 관념들이 어떤 종(種) 또는 류(類)에서 또 다른 것으로 이동하는 일도, 수가 보편적으로 되는 일도 없었을 것이다. 미개인은 오른쪽 다리와 왼쪽 다리를 따로따로 생각했을 수도, 또 자신의 다리가 두 개라는 생각을 하지 않고 그것을 한 쌍이라는 불가분의 개념 아래 함께 바라볼 수 있었다. 왜냐하면 우리에게 한 대상을 묘사해 보이는 표상적인 관념과 한 대상을 결정하는 수적인 관념은 별개의 것이기 때문이다. 게다가 그는 다섯까지 세는 일은 더구나 더 할 수 없었다. 그리고 비록 그가 두 손을 포개어 손가락이 정확히 대응한다는 것을 알아차릴 수 있었을 지라도 그것이 수적으로 같다는 것을 생각할 수는 없었다. 그는 머리카락 수도 손가락 수도 셀 줄 몰랐다. 그리고 누군가 수가 무엇인지 그에게 알려준 후에 발가락과

---

82 호메로스의 《일리아드》에 나오는 인물로, 발명의 천재로 묘사됨.

손가락 수가 같다고 말했다면, 그는 아마도 그것들을 비교해보고 그것이 사실이라는 것을 알고는 아주 놀랐을 것이다.

〈원주 15〉

자존심과 자기애를 혼동해서는 안 된다. 이 두 가지 정념은 그 성질도 효과도 아주 다르다. 자기애는 자연적인 감정으로 모든 동물로 하여금 자기 보존에 신경 쓰게 하며, 또 인간에 있어서는 이성에 의해 인도되고 연민에 의해 변용되어 인간애와 미덕을 자아내게 하는 것이다. 자존심은 사회 속에서 생기는 상대적이고 인위적인 감정에 불과하여 각 개인에게 다른 누구보다 자신을 더 중요하게 여기게 하며 사람들에게 서로 행하는 모든 악을 촉발하게 하며 이는 명예의 참된 원천이다.

이것이 잘 이해되었다면 나는 우리의 원시상태에서, 즉 진정한 자연 상태에서는 자만심이 존재하지 않는다고 말할 것이다. 왜냐하면 특히 개개인은 누구나 스스로를 관찰하는 유일한 구경꾼, 자신에게 관심을 가지는 지구상의 유일한 존재, 자기 가치의 유일한 심판자로 보고 있으므로, 자신의 영역이 아닌 비교에 근원을 둔 감정이 마음 속에 싹트는 것이 불가능하기 때문이다. 같은 이유에서 그런 사람은 어떤 모욕감에서만 생길 수 있는 정념인 증오나 복수심도 가질 수 없을 것이다. 그리고 모욕을 성립시키는 것은 경멸이나 피해를 주려는 의도이지 악이 아니므로, 상대방을 평가하고 비교할 줄 모르는 이들은 자기들에게 뭔가 이익이 될 경우에는 결코 서로에게 모욕을 주지는 않지만 상호간에 거친 행동을 많이 할 수 있다. 한마디로 각자는 동족을 거의 다른 종류의 동물을 보듯 하기 때문에 약자에게서 수확물을 빼앗는다거나 강자에게 자신이 수확한 것을 양보한다거나 할 수는 있어도, 약탈도 단순한 자연적 사건으로 볼 뿐이지, 거만이나 경멸의 마음을 조금도 품지 않고 단지 성공의 기쁨이나 실패의 슬픔 이외의 다른 어떤 정념도 없다.

〈원주 16〉

오래전부터 유럽인들이 세계 각지의 미개인들을 자신들의 생활 양식에 끌어들이기 위해 고심하는데도 불구하고, 심지어 기독교를 이용해서도 아직 그런 미개인을 단 한 명도 얻지 못한 것은 아주 주목할 만한 사실이다. 왜냐하면 우리 선교사들이 때때로 그들을 기독교도로 만들기는 했지만 결코 문명인으로 만들지는 못했기 때문이다. 우리 관습을 따르고 우리 방식대로 사는 것에 대해 그들이 가지는 억누를 수 없는 혐오감은 그 어떤 것으로도 극복될 수 없다. 만일 이 불쌍한 미개인들이 사람들의 주장만큼 불행하다면, 그들의 판단력이 얼마나 상상 이상으로 퇴화하였으면 우리를 모방하여 문명화되거나 우리 사이에서 행복하게 살거나 하는 일을 계속 배우려들지 않는 것일까? 반면 프랑스인들이나 그 밖의 유럽인들은 자발적으로 이 민족들 가운데로 도피해서 그토록 기이한 생활 양식을 버릴 수 없게 되어 그곳에서 그들의 남은 생애를 보냈다는 기사를 수없이 읽게 되고, 지각 있는 선교사들마저도 그토록 경멸당하는 민족 밑에서 보낸 조용하고 천진한 날들을 감동하며 그리워하고 있음을 볼 수 있지 않은가? 만일 미개인에게 자신들의 상태와 우리 상태를 건전하게 판단할 정도로 충분한 지식이 없다고 대답한다면 나는 행복의 평가는 이성보다 감정에 관련되는 것이라고 반박할 것이다. 게다가 이 대답은 더 큰 힘으로 우리에게 그대로 되돌아올 수 있다. 왜냐하면 미개인들의 생활 양식에서 발견되는 취향을 이해하기 위해 필요한 정신의 태도를 지닌 우리의 관념이, 우리 생활 양식을 그들에게 이해시킬 수 있는 정신의 태도를 지닌 미개인들의 관념보다 더 멀리 떨어져 있기 때문이다. 사실 관찰을 약간만 해도 우리의 모든 수고가 단 두 개의 대상, 즉 자신을 위한 안락한 생활과 타인들의 존중을 향하고 있음을 알기는 쉽다. 하지만 미개인이 숲 속에서 혼자 일생을 보내거나 낚시질을 하거나 또는 단 하나의 조음을 낼 수도 없거나 그것을 배우려는 마음도 없이 피리를 서툴게 부는 데서 맛보는 쾌락을 우리가 상상하기가 쉬울까?

사람들은 수차례에 걸쳐 미개인을 파리나 런던이나 그 밖의 도시로 데려 왔다. 그들에게 우리의 사치나 부 또는 가장 유용하고 신기한 모든 기술을 서둘러 보여주었다. 그런데 그들은 그런 것에 대해 조금도 탐하지 않고 단지 우둔한 감탄사만 내뱉을 따름이었다. 나는 특히 약 30년 전에 영국 궁정에 데리고 왔던 몇 명의 북아메리카 인들의 대장 이야기가 생각난다. 사람들은 마음에 드는 선물을 하려고 그의 눈앞에 여러 가지 물건을 내밀어 보였으나 그의 마음을 끈 것은 아무것도 없었다. 우리 무기는 그에게 무거워서 불편한 거 같았고 구두는 발에 상처를 냈으며 옷은 불편해서 그는 모든 것을 거부했다. 마침내 그가 한 장의 양모 담요를 집어 들어 어깨에 담요를 덮고 기뻐하는 것 같다는 것을 알아차렸다. "적어도 이 물품이 유용한 것은 인정하십니까?" 하고 사람들이 곧 그에게 물었다. 그가 대답했다. "예, 이것은 거의 짐승 가죽만큼 좋은 것 같아요." 그가 비오는 날 그것을 걸쳐 보았다면 그렇게 말하지 않았을 것이다.

아마도 이는 습관 때문에 각자 자신의 생활 방식에 집착하여 미개인들이 우리 것 가운데 좋은 것을 느끼지 못하게 하는 것이라고 사람들이 내게 말할 것이다. 그렇다면 이 논리에 따르면 습관은 유럽인 자신들이 행복을 즐기는 것에서보다는 미개인들이 자신들의 비참한 취향을 유지시키는 데서 더 큰 힘을 발휘한다는 것이 되는데 이는 아주 이상해 보인다. 하지만 이 마지막 반대에 대해 반박의 여지가 전혀 없는 답을 하기 위해 나는 사람들이 문명화시키려다 실패한 모든 젊은 미개인들을 인용하지 않고, 또 사람들이 덴마크에서 키우려고 시도했으나 슬픔과 절망 때문에 비쩍 말라 죽어 버린다든가 바다에 뛰어들어 헤엄쳐 자기 나라로 돌아가려고 시도했다가 익사해버린 그린란드 사람이나 아이슬란드 주민의 일도 말하지 않고, 다만 충분히 증명된 단 한 가지 예를 인용하는 데 그치며 유럽 정치 사회의 찬미자들에게 그 검토를 의뢰해 보겠다.

"희망봉의 네덜란드 선교사들이 갖은 노력을 했지만 결코 단 한 명의 호텐토트도 개종시킬 수 없었다. 케이프타운의 총독 반 데르 스텔은 호텐토트 한 명을 어릴 때부터 데려다 기독교의 원칙과 유럽의 관습 안에서 키웠다. 그에게 훌륭한 옷을 입히고 몇 가지 언어를 배우게 했고 그 호텐토트는 그의 교육에 쏟은 사람들의 정성에 부응하여 제대로 발전했다. 총독은 그의 기지에 희망을 걸고 감독관 한 명과 함께 그를 인도로 보냈으며, 그 감독관은 그를 회사 업무에 효과적으로 활용하였다. 그는 감독관이 죽은 후 케이프타운으로 돌아왔다. 돌아온 후 며칠 지나지 않아 친척들을 방문했을 때 그는 유럽풍의 장신구를 벗어 던지고 다시 양가죽을 몸에 걸치기로 결심했다. 그는 지금까지 입고 있던 옷을 넣은 상자를 들고, 새로운 차림으로 돌아왔다. 그리고 상자를 총독에게 내밀며 다음과 같은 말을 했다. '총독 님, 제가 이 옷차림을 영원히 버리도록 허락해 주십시오. 저는 또한 기독교 를 영원히 버리고 우리 선조들의 종교와 풍습과 관습 속에서 살다 죽기로 결심했습니다. 저의 유일한 소원은 제 목걸이와 단검을 이대로 지니는 것입 니다. 저는 그것을 당신에 대한 사랑으로 간직할 겁니다.' 그러고는 반 데르 스텔의 대답도 기다리지 않고 도망쳐서 그 후 케이프타운에서 다시는 그 를 볼 수 없었다." (《여행기 총람》, 제 5권, p. 175)

〈원주 17〉

이처럼 무질서한 상태에서는 흩어지는 일에 아무런 한계가 없었다 면, 사람들은 서로 고집을 부리고 죽이는 대신 뿔뿔이 흩어져 버렸 을 것이라는 내 말에 반대할 지도 모른다. 하지만 우선 이 제한은 적 어도 세계의 제한이었을 것이다. 그리고 자연 상태에서 유래한 과밀 인구를 생각한다면, 자연 상태에서 지구는 어쩔 수 없이 모여든 인 간들로 곧 꽉 찼을 것이라고 판단하게 될 것이다. 게다가 만일 불행 이 빨리 닥치거나 변화가 곧 일어나거나 하면 그들은 흩어졌을 것이 다. 그러나 실제로 그들은 처음부터 그 멍에를 지고 태어난 것이다. 그들이 그 무게를 느꼈을 때는 멍에를 짊어진 것이 습관이 되어 있 었고 습관을 떨쳐낼 기회를 기다리는 것으로 만족하고 있었다. 끝으 로 그들은 자기들을 억지로 모이게 만든 수많은 편의에 이미 익숙 해졌으므로 흩어지는 것은 처음만큼 쉽지 않았다. 처음에는 누구나 자기 자신 외에는 필요하지 않았으므로 각자 타인의 동의를 기다리 지 않고 자기 의지를 결정하면 됐기 때문이다.

〈원주 18〉

빌라아르 총사령관은 그가 이끈 한 전투에서 식량 공급자의 지나친 사기 행위가 군대에 고통을 주고 불평하게 해서 자신이 그 업자를 심하게 꾸짖고 교수형에 처하겠다고 위협했다는 이야기를 해주었다. 그 사기꾼은 "그런 협박은 저와 상관없습니다. 10만 에퀴를 자유롭게 사용할 수 있는 사람이 교수형 당하지는 않을 것이라고 말씀드릴 수 있어서 대단히 만족합니다."라고 뻔뻔스럽게 대답했다. 총사령관은 순진하게 덧붙였다. "어떻게 그렇게 되었는지는 알 수 없지만 비록 그가 백번이고 처형당해야 마땅했지만 실상 그는 처형당하지 않았다네."

〈원주 19〉

분배상의 정의는 그것이 시민 사회에서서는 실행 가능할 수 있어도 자연 상태의 엄격한 평등과는 심지어 대립되기도 할 것이다. 정부의 모든 구성원들이 국가에 대해 자기의 재능과 힘에 상응하는 봉사를 해야 하는 것처럼, 시민들도 그들의 봉사에 따라 구별되고 우대되어야 한다. 바로 이런 의미로 이소크라테스[83]의 문구를 이해해야 한다. 그는 이 문구에서 다음 두 종류의 평등 가운데 어느 쪽이 유리한가를 올바르게 구별할 줄 알았다고 초기 아테네인들을 칭찬하고 있다. 그 평등 가운데 하나는 모든 시민에게 차별 없이 동일한 이익을 분배하는 데 있고, 또 하나는 각자의 가치에 따라 이익을 분배하는 데 있

---

83 이소크라테스(BC 436~338), 고대 그리스의 웅변가. 아테네에서 변론술 학교를 개설. 인문주의 교육의 아버지로 불림.

다. 이소크라테스는 "이 능숙한 정치가들은 선인과 악인 사이에 아무런 구별도 하지 않는 부당한 평등을 배제하고, 각자의 장점에 따라 보상하거나 벌하거나 하는 평등을 지지했다."고 덧붙였다. 하지만 우선 사회가 어느 정도 부패에 이르렀다 하더라도 악인과 선인을 전혀 구별하지 않는 사회는 아직 존재한 적 없다. 법이 법관에게 규칙으로 사용될 수 있을 만큼 정확한 척도를 정할 수 없는 풍습에 관해서는, 법이 시민의 운명과 지위를 위정자의 뜻대로 맡겨두지 않기 위해 법관에게 인격에 대한 판정을 금하고 오로지 행위만을 판결하도록 맡긴 것은 참으로 현명한 방법이다. 고대 로마인들의 도덕만큼 순결한 도덕 외에는 검열관의 심판을 견뎌낼 수 없다. 우리 가운데 그런 법정이 있었다면 금방 모든 것을 전복시켜 버렸을 것이다. 악인과 선인을 구별하는 것은 공적인 평가의 몫이다. 법관은 오로지 엄정한 법의 심판관에 불과하다. 하지만 국민은 진정한 도덕의 심판관이다. 이 점에 대해서는 공명정대한 지식마저 풍부한 심판관이며 때때로 속을 수는 있지만 결코 타락하지는 않는다. 그러므로 시민의 지위는 개인적인 가치에 따라 정해질 일은 아니다. 그렇게 되면 틀림없이 법관에게 법을 거의 자의적으로 적용할 수단을 넘겨주는 것이 될 것이다. 그래서 시민들이, 그리고 보다 정확한 판단을 할 수 있는, 그리고 정부에게 제공하는, 실질적인 봉사에 따라 지위가 정해져야 한다.

인간 불평등 기원론

초판 1쇄 발행 2013년 2월 20일
2쇄 발행 2015년 3월 10일

지은이 장자크 루소
옮긴이 홍지화
발행인 신현부
발행처 부북스

주소 서울시 중구 동호로17길 256-15
전화 02-2235-6041
팩스 02-2253-6042
이메일 boobooks@naver.com

ISBN 978-89-93785-46-3 04080
ISBN 978-89-93785-07-4 (세트)